LES INDISPENSABLES VUIBERT

Comptabilité

Madeleine Deck-Michon

Agrégée d'économie et gestion à l'ENS de Cachan

Emmanuelle Plot-Vicard

Agrégée d'économie et gestion au CNAM
Docteur en sciences de gestion

Vuibert

ISBN 978-2-311-00755-8

Sommaire

Mode d'emploi 4

Partie I. Le modèle comptable

Fiche 1. Définition, objectifs et obligations comptables 7
Fiche 2. La partie double 13
Fiche 3. Le bilan 21
Fiche 4. Le compte de résultat 29
Fiche 5. Les comptes 39

Partie II. Les opérations courantes

Fiche 6. Les différents types de biens à l'achat et à la vente 49
Fiche 7. Les cessions d'immobilisations 59
Fiche 8. Les opérations à crédit 69
Fiche 9. La TVA 77
Fiche 10. Les frais accessoires d'achat et les réductions de prix 87
Fiche 11. Les relations avec le personnel et les organismes sociaux 97
Fiche 12. Les relations avec l'État et les collectivités publiques 105
Fiche 13. Les capitaux propres 113
Fiche 14. L'emprunt et le crédit-bail 121
Fiche 15. Les opérations de trésorerie 131
Fiche 16. Les opérations en devises 143
Fiche 17. Les opérations courantes, le résultat et la variation de trésorerie 151

Partie III. Les opérations d'inventaire

Fiche 18. La comptabilisation des stocks 161
Fiche 19. Les amortissements 171
Fiche 20. Les dépréciations 185
Fiche 21. Les provisions 195
Fiche 22. Le rattachement des charges et des produits 209
Fiche 23. Les opérations d'inventaire, le résultat et la variation de trésorerie 215

Cas de synthèse 227

Index 237

Mode d'emploi

Les ouvrages de la collection « Les Indispensables Vuibert » sont composés de fiches comportant systématiquement des rappels des notions clés, des questions à choix multiples commentées et des exercices intégralement corrigés.

Ces ouvrages sont conçus pour favoriser la remise à niveau, la mémorisation et la révision/préparation des épreuves. Ils proposent une **organisation synthétique** des connaissances et une application à la fois **immédiate** et **progressive**.

PREMIÈRE PARTIE Le modèle comptable

En préalable à l'étude du détail des écritures, il est nécessaire de comprendre en quoi consiste la comptabilité, quels sont ses objectifs et ses utilisateurs (*fiche 1*). En effet, la comptabilité est un **construit historique et social**. Elle n'est de ce fait pas unique : il existe plusieurs corpus de règles concurrents dans le monde (normes françaises, normes américaines, normes internationales, etc.) qui ne sont pas guidés par les mêmes principes. Ces différences se retrouvent dans la manière de comptabiliser et d'analyser certaines opérations. Les fiches de l'ouvrage traitent des principaux points de la **comptabilité française** mais elles abordent aussi les divergences avec les autres systèmes comptables (par exemple, autour du principe de prudence).

La comptabilité est un **langage** qui permet d'exprimer les **relations** de l'entreprise avec ses différents partenaires à travers des flux (*fiche 2*) et des comptes (*fiche 5*). La familiarisation avec les concepts (débit/crédit, etc.) qu'elle utilise est un préalable indispensable. Il est également essentiel de disposer d'une **vision globale de la mécanique comptable**. Les comptables établissent en effet un grand nombre de documents dont les plus connus sont le journal (*fiche 2*), le compte de résultat (*fiche 3*), le bilan (*fiche 4*) et l'annexe, qui sont liés entre eux.

Une fois ces éléments appréhendés, il est possible de rentrer dans le détail de l'enregistrement des opérations. Il est usuel de distinguer les **opérations courantes**, qui regroupent les transactions habituelles réalisées au cours d'un exercice entre l'entreprise et ses partenaires, et les **opérations d'inventaire**, enregistrées en fin d'exercice et visant à compléter les premières afin de dégager l'**image la plus fidèle possible de la situation financière**.

DEUXIÈME PARTIE Les opérations courantes

Les *fiches 6 à 10* traitent des achats et ventes ; les *fiches 11 à 15*, des relations de l'entreprise avec ses autres partenaires. La *fiche 16* aborde le cas particulier des opérations en devises et leur traitement en comptabilité.

Remarque : pour l'étude des cessions d'immobilisations (*fiche 7*), du traitement comptable de certaines subventions (*fiche 12*) et de quelques aspects des opérations en devises (*fiche 16*), la connaissance des notions d'amortissement, dépréciation et provision, abordées dans la troisième partie, sont nécessaires.

Les opérations courantes ont des **impacts distincts** sur le résultat et sur la trésorerie (*fiche 17*). La différence entre ces deux concepts est majeure en comptabilité et sous-tend une grande partie de l'analyse financière. La *fiche 17* présente une synthèse de ces différences.

TROISIÈME PARTIE Les opérations d'inventaire

La comptabilisation des opérations courantes ne suffit pas pour dégager une image fidèle de la situation financière de l'entreprise à la fin d'un exercice. Certaines questions supplémentaires se posent : l'entreprise a-t-elle bien consommé toutes les matières premières qu'elle a achetées ? L'entreprise a-t-elle vendu tous les produits finis qu'elle a réalisés ? Les machines de l'entreprise sont-elles usées ? Ont-elles toujours la même valeur ? Existe-t-il un risque de perte sur certains de ses actifs ? Ou même un risque d'ordre plus général sur l'entreprise, comme un procès en cours par exemple ?

La réponse à ces questions nécessite de compléter les opérations courantes par la comptabilisation d'opérations supplémentaires, dites « opérations d'inventaire » abordées dans les *fiches 18 à 22.*

Ces opérations n'entraînent en général aucun flux de trésorerie, mais affectent cependant souvent le résultat. Comme pour les opérations courantes, une synthèse des impacts distincts des opérations d'inventaire sur ces deux notions est proposée (*fiche 23*).

Synthèse et annexes

Un *cas de synthèse* (modèle comptable, opérations courantes et opérations d'inventaire) conclut l'ouvrage et permet de vérifier l'assimilation des connaissances fondamentales.

Un *index* permet de retrouver rapidement l'ensemble des notions abordées dans les fiches aussi bien dans la partie « cours » que dans la partie « applications ».

FICHE 1 Définition, objectifs et obligations comptables

1 Définition

Pour une entreprise, tenir une **comptabilité** consiste :

– à enregistrer chaque jour, dans un document appelé **journal**, l'ensemble des flux physiques et monétaires qui se produisent entre elle et ses partenaires ;

– à établir, en fin d'exercice, le **compte de résultat** qui résume l'ensemble des opérations réalisées pendant l'année, le **bilan** qui dresse l'état de la situation financière de l'entreprise à la fin de l'année et l'**annexe**, qui précise et complète certaines informations contenues dans ces deux documents.

Exemple : comme le ferait une entreprise, Nicolas fait le point sur sa situation financière au 1er janvier N : 1 000 € sur son compte courant, 6 000 € sur son livret A et un appartement d'une valeur de 100 000 €. Cette liste constitue son bilan. Pendant l'année N, il tient à jour dans un cahier (son journal) toutes ses dépenses et ses recettes. À la fin de l'année N, Nicolas résume son journal en faisant la somme de ses revenus et dépenses par type (nourriture, etc.) : c'est son compte de résultat. À partir du bilan au 1er janvier N et du compte de résultat au 31 décembre N, il peut déterminer sa nouvelle situation financière, c'est-à-dire son bilan au 31 décembre N.

2 Objectifs

L'objectif de la comptabilité est triple :

– **information** : la comptabilité constitue un tableau de bord pour les dirigeants de l'entreprise et pour ses différentes parties prenantes (syndicats, actionnaires, créanciers, etc.) ;

– **décision** : grâce aux informations qu'elle apporte, la comptabilité permet aux dirigeants de prendre des décisions quant à la gestion de l'entreprise (augmentation des prix, modération salariale par exemple) ;

– **contrôle** : interne mais aussi externe. La comptabilité est un moyen de preuve dans les relations commerciales et c'est une obligation légale (protection des intérêts des parties prenantes et de l'administration fiscale notamment).

3 Utilisateurs

Au-delà des dirigeants, **toutes les parties prenantes** de l'entreprise sont des utilisateurs potentiels de la comptabilité :

– **les propriétaires non dirigeants** pour évaluer le rendement de leur investissement et contrôler le travail des dirigeants auxquels ils ont délégué leur pouvoir de direction. Les comptes publiés sont, dans cette perspective, certifiés par une personne indépendante, le commissaire aux comptes (CAC), choisie et rémunérée par l'entreprise ;

– **les prêteurs** pour apprécier la solvabilité de l'entreprise ;

– **les salariés** pour s'assurer de la bonne santé de l'entreprise, qui garantira leur avenir en son sein et dans le cadre d'éventuelles négociations salariales ;

– **les fournisseurs et les clients,** en tant que partenaires de long terme, pour s'assurer de la continuité de l'exploitation et, pour ceux qui font crédit à l'entreprise, de sa liquidité ;

– **l'État,** pour établir les statistiques publiques, utiles pour les prises de décisions macroéconomiques et les comparaisons internationales, et pour garantir la bonne perception des impôts, ce qui nécessite une définition harmonisée des principes et des règles comptables.

Figure 1.1 Les utilisateurs de la comptabilité

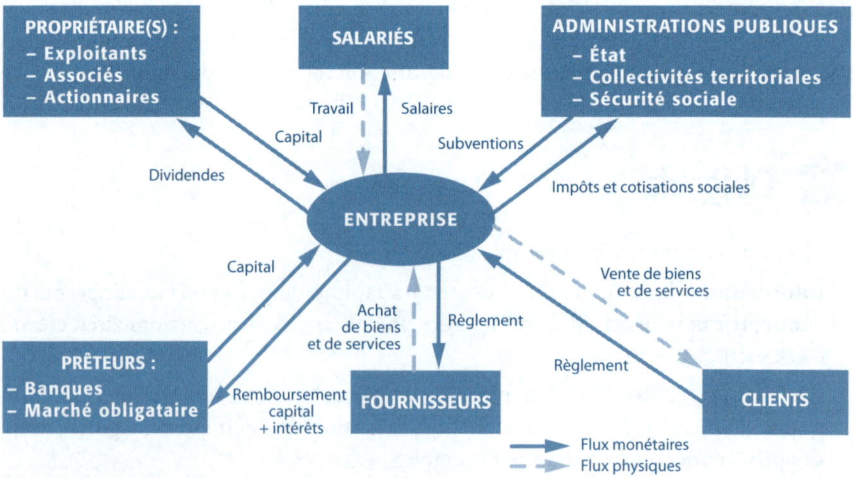

4 Réglementation comptable

L'utilisation par ces différents acteurs de la comptabilité nécessite qu'elle soit réglementée.

D'un point de vue formel, les entreprises sont tenues **de tenir une comptabilité** à l'aide de **trois livres obligatoires** (le journal, le grand-livre et le livre d'inventaire). Elles doivent garantir la **traçabilité** des informations (conservation des pièces juridiques pendant dix ans) et respecter la chronologie dans leurs enregistrements, ceux-ci étant irréversibles.

En termes de contenu, **les sources juridiques** sont nombreuses. Il s'agit notamment du Code de commerce (refondu en 2000) et du **plan comptable général** (PCG) créé en 1947 et remanié à plusieurs reprises. Le PCG définit un certain nombre de **principes** dont les plus importants à retenir sont les suivants :

- **régularité** (conformité aux règles) et **sincérité** (application de bonne foi des règles), l'application de ces deux principes permettant de présenter une **image fidèle des comptes** ;
- **permanence des méthodes** : le PCG propose différentes options pour certaines règles, les entreprises ne devant pas modifier leurs choix de méthodes d'un exercice à l'autre afin de favoriser la comparaison inter-exercices ;
- **indépendance des exercices** (ou **rattachement à l'exercice**) : toutes les opérations se rapportant à un exercice doivent être incluses dans la comptabilité d'un exercice même si elles n'ont pas d'impact immédiat sur la trésorerie ;
- **prudence** : une entreprise doit apprécier ses revenus et ses pertes de façon à ne pas surestimer ses ressources.

APPLICATIONS

QCM

Choisissez, parmi les propositions suivantes, la ou les bonne(s) réponse(s).

1.1. « Associés » est le nom donné aux propriétaires :

○ **a.** quand l'entreprise est une SARL (société à responsabilité limitée).
○ **b.** quand l'entreprise est une SA (société anonyme).
○ **c.** quand l'entreprise est une SAS (société par actions simplifiée).

1.2. Un entrepreneur individuel :

○ **a.** est à la tête d'une société.
○ **b.** ne distingue pas son patrimoine personnel de celui de son entreprise.
○ **c.** n'est pas responsable sur ses biens propres pour les défauts de son entreprise.

1.3. Une entreprise unipersonnelle à responsabilité limitée (EURL) :

- ○ **a.** est une entreprise n'employant qu'un seul salarié.
- ○ **b.** est un synonyme d'entreprise individuelle.
- ○ **c.** est une forme de société qui protège le patrimoine propre du propriétaire.

1.4. Les commissaires aux comptes :

- ○ **a.** contrôlent la régularité et la sincérité des comptes de la société.
- ○ **b.** permettent par leur action aux actionnaires d'avoir confiance dans l'information produite par les dirigeants.
- ○ **c.** sont nommés par l'État.

Exercice. L'importance de la fiabilité des comptes

À partir de l'article ci-dessous, expliquer pourquoi la fiabilité des comptes des collectivités est importante pour les citoyens et en quoi le projet de certification pourrait la renforcer.

La certification des comptes des collectivités locales est-elle possible ?

Dans la foulée de la certification des comptes de l'État, une procédure analogue devrait être mise sur pied concernant les collectivités locales et l'on disposera désormais d'un véritable audit général du secteur public. Une nouvelle tâche à laquelle devraient s'atteler les chambres régionales des comptes. Mais le pourront-elles tant les difficultés techniques et politiques sont nombreuses ? Cette réforme devrait permettre de réconcilier les électeurs avec les enjeux budgétaires locaux.

Portée et limite de l'audit local

La certification des comptes publics locaux va engendrer un certain nombre d'obligations pour les gestionnaires locaux. Il y a fort à parier que la transition sera longue. Les comptes devront être sincères, ce qui veut dire que la situation patrimoniale de la collectivité devra être exhaustive, fiable et convenablement valorisée. Une distinction forte existe entre les communes de plus et celles de moins de 10 000 habitants. Pour les secondes, il existe de très nombreuses dérogations comptables telles que dispense de rattachement des produits et des charges à l'exercice, dispense d'amortissement des immobilisations : autant d'exceptions qui devront disparaître.

Cette hétérogénéité se retrouve d'ailleurs actuellement au sein du patrimoine immobilier des communes : un inventaire complet, valorisé et à jour du patrimoine public (accessible au public) et privé (non affecté à l'usage du public) est d'autant moins avancé que les communes sont petites, ce qui se traduit par une sous-valorisation de l'actif. De plus, à de rares exceptions près, une comptabilité des stocks n'est pas tenue, notamment s'agissant de fournitures courantes. Enfin, il convient d'être attentif aux créances des collectivités sur les tiers et éventuellement provisionner les risques encourus [...].

Le rapport d'audit permettra une véritable « pédagogie » budgétaire

Même si cette réforme n'est vraisemblablement pas la panacée, elle est essentielle pour éclairer les électeurs locaux sur les dérives budgétaires ou le sens gestionnaire de leurs élus, sur l'efficacité du réseau des comptables publics du Trésor censés vérifier la régularité des comptes, mais aussi la performance des autorités de tutelles, préfet ou TPG qui détiennent une part importante du contrôle financier local.

La hausse des impôts locaux, les transferts de compétences et de fiscalité, les concours de l'État mis désormais sous enveloppe, le recours massif à l'emprunt et l'empilement des strates sont autant d'éléments de complexité qui brouillent la compréhension des comptes. Rien n'a été fait pour rendre la tâche facile [...] N'est-ce pas précisément le rôle de l'audit et des procédures de certification que de livrer un jugement synthétique sur la qualité de l'information comptable ? Sur cette base, les électeurs peuvent reprendre la main, la sanction politique risque de ne pas tarder et les explications des responsables locaux peineront certainement à convaincre.

www.ifrap.org, 19 août 2009

CORRIGÉS

QCM

1.1. ✓a. ✓c. Les propriétaires d'une société anonyme sont appelés « actionnaires » car ils sont détenteurs d'actions (parts de capital) de la société. Les propriétaires d'une SARL ou d'une SAS sont appelés « associés » car ils détiennent des parts sociales. Cette différence sémantique traduit un rapport différent à l'entreprise : moins nombreux, les propriétaires d'une SARL ou d'une SAS se connaissent davantage et sont en général plus associés à la gestion de l'entreprise que dans une SA.

1.2. ✓b. Une entreprise individuelle n'est pas une société dans le sens où il n'y a pas de personne morale indépendante de la personne physique qu'est le chef d'entreprise.

L'entreprise individuelle n'a donc pas de patrimoine propre et le chef d'entreprise est responsable sur ses biens personnels des difficultés de son activité.

1.3. ✓ c. Une EURL est une société où il n'y a qu'un associé (un propriétaire) qui peut employer de nombreux salariés. Dans une entreprise individuelle, le chef d'entreprise et son entreprise se confondent : il n'y a donc qu'un seul patrimoine alors qu'il y en a deux dans le cas d'une EURL qui protège ainsi le patrimoine propre du chef d'entreprise.

1.4. ✓ a. ✓ b. Les commissaires aux comptes (CAC) contrôlent les comptes des entreprises, leur fiabilité et en particulier leur respect des principes comptables. Cette certification est importante pour les actionnaires qui ne peuvent pas tous eux-mêmes vérifier les comptes. Une des limites de l'exercice est liée à la rémunération des commissaires aux comptes. Ceux-ci ne sont en effet pas payés par l'État mais par l'entreprise qui fait certifier ses comptes, ce qui peut entraîner des conflits d'intérêt même si bien sûr les CAC sont liés par des règles déontologiques.

Exercice. L'importance de la fiabilité des comptes

L'État fait certifier ses comptes depuis 2006 par la Cour des comptes afin d'assurer une plus grande transparence pour les citoyens. Les comptes des collectivités locales ne font, en revanche, pas encore l'objet de certification.

Cette certification serait souhaitable pour garantir une meilleure information des citoyens (qui sont également contribuables) sur l'utilisation des fonds publics et leur bonne gestion par les élus.

Les citoyens peuvent être en effet comparés d'une certaine manière aux actionnaires de leur collectivité car ils assurent, par leurs impôts, une partie importante du financement et ils délèguent à leurs élus leur pouvoir de gestion. La certification des comptes renforcerait ainsi leur pouvoir de contrôle.

FICHE 2

La partie double

1 Le suivi de la trésorerie (partie simple)

La façon la plus simple de tenir sa comptabilité consiste à **suivre la trésorerie** (enregistrer les encaissements et les décaissements). Le **journal**, dans ce cas, peut n'être constitué que **d'une seule colonne** de chiffres (« **partie simple** ») avec des signes + ou des signes –.

Le principal avantage de cette comptabilité, dite « **de caisse** », est bien sûr la **simplicité** mais, même si elle permet de connaître la **situation de la trésorerie** à tout moment, elle a pour inconvénient de ne fournir aucune information sur le patrimoine de l'entreprise, ses dettes ou sa performance.

Exemple : Nicolas, qui tient un petit commerce, a réalisé les opérations suivantes au cours du mois : achat d'une machine pour 1 000 € le 3 avril, rémunération d'un salarié pour 2 000 € le 25 avril et emprunt auprès de sa banque pour 10 000 € le 26 avril. Il dresse son journal en partie simple.

Opération et date	Montant
3 avril : achat d'une machine	– 1 000
25 avril : rémunération d'un salarié	– 2 000
26 avril : emprunt auprès de la banque	+ 10 000

À la fin du mois d'avril, Nicolas peut connaître très facilement l'état de sa trésorerie qui a augmenté ici en net de 7 000 €. Cependant cette information ne montre en rien si Nicolas est riche ou pas (quid des autres éléments de son patrimoine ?), ni si son entreprise est profitable ou pas (le bon niveau de la trésorerie est dû ici à un emprunt).

2 De la partie simple à la partie double

Afin d'enrichir l'information à la disposition de ses utilisateurs, la comptabilité doit également enregistrer les **droits** et les **obligations** de l'entreprise (ses avoirs et ses dettes).

Pour tenir cette comptabilité dite « d'exercice » ou « financière » ou « d'engagement », la partie simple ne suffit plus, une seconde colonne est nécessaire (**partie double**). Chaque flux (achat ou paiement, par exemple) est alors analysé sous deux angles et enregistré dans les deux colonnes. Dans la première, on enregistre où « va » le flux, son compte de destination, et dans la seconde, d'où « vient » le flux, son compte d'origine.

La première colonne, celle des destinations, est appelée « **débit** » ; la seconde, celle des origines, « **crédit** ».

Figure 2.1. La tenue de la comptabilité en partie double

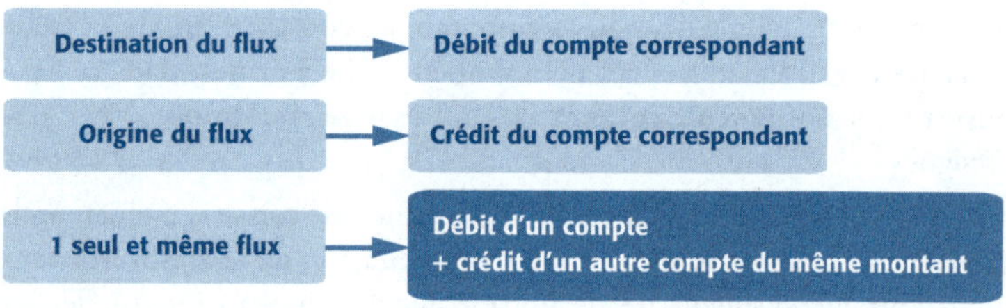

Exemple : enregistrons les opérations précédentes en partie double.

Pour la première opération, Nicolas utilise la trésorerie (qui va diminuer, c'est l'origine du flux → colonne crédit) pour augmenter son nombre de machines (c'est la destination → colonne débit).

3 avril : achat d'une machine	Débit	Crédit
Machine	1 000	
Trésorerie		1 000

Pour la deuxième opération, là encore il « crédite » la trésorerie car c'est elle qui est à l'origine du flux, pour payer le personnel (destination du flux → colonne débit).

25 avril : rémunération d'un salarié	Débit	Crédit
Charge de personnel	2 000	
Trésorerie		2 000

Pour la troisième opération, par contre, c'est la trésorerie qui est augmentée grâce à l'emprunt, elle est donc la destination du flux (colonne débit), et c'est l'emprunt qui en est à l'origine (colonne crédit).

26 avril : emprunt à la banque	Débit	Crédit
Trésorerie	10 000	
Emprunt		10 000

FICHE 2

Attention

Quand le compte de trésorerie augmente, il est débité, et lorsqu'il diminue, il est crédité. C'est l'inverse de ce qui est inscrit sur les relevés de compte bancaire.

La banque envoie en effet un **extrait** de sa propre comptabilité (et non de celle du client). Quand un client dépose de l'argent sur son compte, la trésorerie de la banque augmente (c'est un débit dans la comptabilité de la banque) mais, en échange, elle contracte une **dette** envers le client (crédit dans la comptabilité de la banque) car celui-ci peut réclamer les fonds à tout moment. De la même manière, quand un client retire de l'argent de son compte, la trésorerie de la banque diminue (crédit), mais également la dette qu'elle a envers le client (débit). Pour établir le relevé de compte du client, elle compile les mouvements de sa dette par rapport à lui (et non les mouvements de sa propre trésorerie). Un **relevé** de compte bancaire, même s'il comporte deux colonnes appelées « débit » et « crédit », ne constitue donc pas une comptabilité en partie double car chaque montant n'y est inscrit qu'une fois : ce n'est qu'un extrait de comptabilité.

... À retenir ...

Avec la comptabilité de caisse, seuls les mouvements du compte de trésorerie sont connus alors qu'avec la comptabilité d'exercice, grâce aux mouvements de deux comptes simultanément, on connaît non seulement la situation du compte de trésorerie, mais également en quoi consistent ces évolutions (leurs contreparties).

La comptabilité d'exercice permet ainsi d'avoir une information bien plus riche sur l'activité de l'entreprise, sa profitabilité et sur ce qu'elle doit et possède.

APPLICATIONS

QCM

Choisissez, parmi les propositions suivantes, la ou les bonne(s) réponse(s).

2.1. Nicolas achète une machine pour 500 € :

- ○ **a.** il débite le compte machine et crédite le compte de trésorerie.
- ○ **b.** il débite le compte de trésorerie et crédite le compte machine.

2.2. Nicolas observe un débit de 200 € sur son relevé de banque :

- ○ **a.** il doit vérifier qu'il y a bien un débit de trésorerie du même montant dans sa propre comptabilité.
- ○ **b.** il doit vérifier qu'il y a bien un achat ou une dépense du même montant dans sa comptabilité dans la colonne débit.

2.3. Nicolas emprunte 3 000 € auprès de sa banque :

- ○ **a.** il débite sa trésorerie et crédite son compte dette.
- ○ **b.** il crédite sa trésorerie et débite le compte dette.
- ○ **c.** cette somme sera inscrite au débit sur son relevé de compte.

2.4. Nicolas apporte ses économies (1 500 €) à sa propre entreprise (qui est une société distincte) :

- ○ **a.** le compte de trésorerie de Nicolas va être crédité dans sa comptabilité personnelle.
- ○ **b.** le compte de trésorerie de l'entreprise de Nicolas va être crédité dans la comptabilité de l'entreprise.
- ○ **c.** la somme va être inscrite au débit du relevé de compte personnel de Nicolas.
- ○ **d.** la somme va être inscrite au débit du relevé de compte de l'entreprise de Nicolas.

2.5. Nicolas vend 800 € de produits :

- ○ **a.** il crédite son compte de trésorerie et débite le compte ventes.
- ○ **b.** le relevé de compte de son entreprise va être crédité de 800 €.

2.6. Nicolas rembourse une dette de 1000 € à sa banque :

- ○ **a.** sa trésorerie est débitée.
- ○ **b.** son relevé de compte est débité.

2.7. Nicolas paye un de ses salariés 2 000 € :

- ○ **a.** le compte bancaire du salarié est débité.
- ○ **b.** Nicolas crédite sa trésorerie.

Exercice 2.1. Tenir la comptabilité en partie double

Hervé fonde son entreprise le 1er janvier, il réalise les opérations suivantes :

- le 1er janvier, il apporte ses économies (10 000 €) à l'entreprise ainsi qu'un local d'une valeur de 50 000 € qui lui appartenait ;
- le 2 janvier, il emprunte 5 000 € à la banque qu'il dépose sur le compte de l'entreprise ;
- le 3 janvier, il achète des matières premières pour 1 000 € ;
- le 3 janvier, il achète une machine pour 2 000 € ;
- le 25 février, il vend pour 3 000 € de produits finis.

a. À combien s'élève la trésorerie de l'entreprise d'Hervé à la fin de ces opérations (fin février) ?

b. Enregistrer au journal les opérations réalisées par Hervé en janvier et février.

Exercice 2.2. Maîtriser les notions de débit et de crédit

Une entreprise effectue les opérations suivantes en avril :

- achat de marchandises : 1 600 € ;
- achat de matériel de bureau : 2 500 € ;
- paiement de salaires au personnel : 20 000 € ;
- vente de marchandises : 3 500 € ;
- achat de marchandises : 560 € ;
- acquisition d'une camionnette : 19 000 € ;
- vente de produits finis : 100 € ;
- paiement de la facture de téléphone : 344 €.

Procéder à l'enregistrement des opérations au journal.

CORRIGÉS

QCM

2.1. ✓ a.

	Débit	Crédit
Achat machine	500	
Trésorerie		500

La diminution de la trésorerie est à l'origine du flux (colonne crédit), elle permet d'acheter une machine (c'est la destination du flux, colonne débit).

2.2. ✅ b. Un débit sur un relevé de compte correspond à une dépense ou à un retrait d'argent. Cela correspond à une diminution du compte de trésorerie donc à son crédit dans la comptabilité de l'entreprise. Ce crédit du compte de trésorerie est compensé par le débit d'un autre compte (achat ou autre dépense) dans la comptabilité de l'entreprise.

2.3. ✅ a. Nicolas a contracté un emprunt à sa banque (crédit), ce qui lui permet d'avoir plus de liquidités dans sa trésorerie (débit). Sur son relevé de compte, la somme est inscrite au crédit : la banque lui met cet argent à disposition, il va pouvoir l'utiliser.

	Débit	Crédit
Trésorerie	3 000	
Emprunt		3 000

2.4. ✅ a. ✅ c.

Comptabilité personnelle de Nicolas	Débit	Crédit
Apport à mon entreprise	1 500	
Trésorerie		1 500

La trésorerie personnelle de Nicolas diminue (crédit) car il prélève 1500 € de son compte pour les déposer sur le compte de son entreprise (débit).

Comptabilité de l'entreprise de Nicolas	Débit	Crédit
Trésorerie	1 500	
Apport de Nicolas		1 500

Dans la comptabilité de l'entreprise, l'apport (crédit) permet d'augmenter la trésorerie (débit).

Relevé de compte personnel de Nicolas	Débit	Crédit
Virement au compte de l'entreprise	1 500	

L'argent est prélevé du compte personnel de Nicolas, le relevé de comptes est donc débité.

Relevé de compte de l'entreprise de Nicolas	Débit	Crédit
Virement provenant du compte de Nicolas		1 500

L'argent arrive sur le compte de l'entreprise de Nicolas, le relevé de compte indique alors un crédit.

2.5. ✓ b. Dans la comptabilité de l'entreprise, les ventes de produits (crédit) permettent d'augmenter la trésorerie (débit). Cette augmentation de la trésorerie va se traduire par un crédit sur le relevé de compte de l'entreprise de Nicolas.

2.6. ✓ b. Nicolas rembourse une dette, sa trésorerie diminue de 1000 € (colonne crédit dans sa comptabilité). En revanche c'est l'inverse sur le relevé de compte où la somme est débitée.

2.7. ✓ b. Quand un salarié est payé, le relevé de compte du salarié indique un crédit. Dans la comptabilité de l'entreprise de Nicolas, la trésorerie diminue, elle est donc créditée.

Exercice 2.1. Tenir la comptabilité en partie double

a. Montant de la trésorerie

La trésorerie de l'entreprise d'Hervé s'élève à :

10 000 + 5 000 – 1 000 – 2 000 + 3 000 = 15 000 €.

L'apport du local ne se traduit pas par un mouvement de trésorerie (il n'y a pas de transfert d'argent). L'emprunt auprès de la banque augmente la trésorerie (l'entreprise dispose de liquidités supplémentaires).

b. Enregistrement des opérations au journal

	Débit	Crédit
01/01 Trésorerie Apport d'Hervé	 10 000 	 10 000
01/01 Local Apport d'Hervé	 50 000 	 50 000
02/01 Trésorerie Emprunt auprès de la banque	 5 000 	 5 000
03/01 Achat de matières premières Trésorerie	 1 000 	 1 000
03/01 Achat d'une machine Trésorerie	 2 000 	 2 000
25/02 Trésorerie Vente de produits finis	 3 000 	 3 000

On peut retrouver le montant de la question a. en additionnant les débits du compte de trésorerie (qui correspondent à son augmentation) et en soustrayant les crédits du compte de trésorerie (qui correspondent à sa diminution).

Exercice 2.2. Maîtriser les notions de débit et de crédit

	Débit	Crédit
Achat de marchandises Trésorerie	1 600	 1 600
Achat de matériel de bureau Trésorerie	2 500	 2 500
Rémunération des salariés Trésorerie	20 000	 20 000
Trésorerie Vente de marchandises	3 500	 3 500
Achat de marchandises Trésorerie	560	 560
Achat d'une camionnette Trésorerie	19 000	 19 000
Trésorerie Vente de produits finis	100	 100
Frais de téléphone Trésorerie	344	 344

FICHE 3 Le bilan

1 L'actif et le passif

Le **bilan** est un des deux documents de synthèse principaux, avec le compte de résultat. Il représente, à un instant donné, **une « photographie » de la situation financière** de l'entreprise. Il est composé de deux colonnes : l'**actif** à gauche et le **passif** à droite.

Figure 3.1. Le bilan

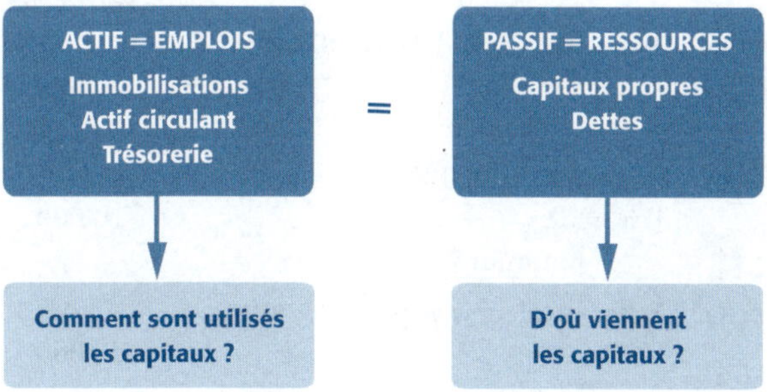

A. Le passif

La colonne de droite correspond au **passif.** Les comptes se trouvant au passif représentent **l'origine des ressources (ou capitaux) que possède l'entreprise** :

- les **capitaux propres**, c'est-à-dire les ressources apportées par l'exploitant ou les actionnaires ;
- les **obligations de l'entreprise envers des tiers** : emprunts auprès des banques, dettes fournisseurs, etc.

FICHE 3

B. L'actif

On trouve à l'actif **comment ces mêmes ressources sont employées** ainsi que la forme sous laquelle elles se présentent :

- les biens qui sont utilisés durablement par l'entreprise (les « **immobilisations** »), tels que les terrains, les bâtiments ou les machines ;
- les stocks et les créances qui sont des biens utilisés pendant le cycle de production (« **actifs circulants** ») ;
- la **trésorerie** (caisse ou comptes en banque).

... À retenir ...

L'actif et le passif sont toujours égaux, par définition, car ce ne sont que deux façons de représenter les ressources. Le passif représente leurs origines et l'actif leurs emplois.

Exemple : Nicolas monte une entreprise le 15 février à partir de 20 000 € d'apport personnel et de 10 000 € d'emprunt. Pour commencer son exploitation, il achète 28 000 € de machines le 17 février. Il laisse les 2 000 € restants sur le compte de l'entreprise à la banque.

Enregistrons d'abord ces opérations au journal :

		Débit	Crédit
15 février	**Apport en capital de 20 000 €** Trésorerie Capitaux propres	 20 000	 20 000
15 février	**Emprunt de 10 000 €** Trésorerie Emprunt	 10 000	 10 000
17 février	**Achat de machines pour 28 000 €** Machine Trésorerie	 28 000	 28 000

Établissons ensuite son bilan au 17 février (après l'achat de machines) :

Actif	Passif
Immobilisations : 28 000 € Trésorerie : 2 000 €	Capitaux propres : 20 000 € Emprunt : 10 000 €
Total : 30 000 €	Total : 30 000 €

2 La notion de capitaux propres et les relations entre actifs et dettes

Les **capitaux propres (ou patrimoine)** représentent la **richesse nette du propriétaire** de l'entreprise, les ressources qu'il a apportées. Ils sont égaux à l'ensemble des actifs de l'entreprise moins ses dettes.

Actif = Passif = Capitaux propres + Dettes
donc Capitaux propres = Actif – Dettes

Cette relation induit que l'augmentation (le débit) d'un compte d'actif contre la baisse (le crédit) d'un autre compte d'actif n'a pas de conséquence sur le montant du patrimoine. C'est le cas, par exemple, si on utilise sa trésorerie pour acheter une machine. De même, l'augmentation (le crédit) d'un compte de dettes pour augmenter (débiter) un compte d'actif n'a pas non plus de conséquence sur le patrimoine (par exemple si on emprunte pour acheter une machine). **Les opérations entre actif et dettes (et entre comptes d'actif) sont donc neutres pour le patrimoine.**

Attention

Les capitaux propres ne sont pas synonymes de trésorerie.

Cas 1. L'entreprise ne possède qu'un bien, son compte en banque (1 000 €) et n'est pas endettée

Actif	Passif
Trésorerie : 1 000€	Capitaux propres : 1 000€

Cas 2. L'entreprise possède son compte en banque (1 000 €) et une machine (500 €), sans aucune dette

Actif	Passif
Machine : 500 € Trésorerie : 1 000 €	Capitaux propres : 1 500 €

Cas 3. L' entreprise possède un seul actif, son compte en banque (1 000 €), mais a emprunté 300 € à sa banque

Actif	Passif
Trésorerie : 1 000 €	Capitaux propres : 700 € Emprunt : 300 €

APPLICATIONS

QCM

Choisissez, parmi les propositions suivantes, la ou les bonne(s) réponse(s).

3.1. Nicolas vient d'acheter une machine. Il l'enregistre :

- ○ **a.** à l'actif.
- ○ **b.** au passif.
- ○ **c.** simultanément à l'actif et au passif.

3.2. Nicolas établit son premier bilan : il a apporté 20 000 € à son entreprise en provenance de ses fonds personnels et un local d'une valeur de 50 000 € :

- ○ **a.** il inscrit « trésorerie : 20 000 € » et « local : 50 000 € » au passif.
- ○ **b.** il inscrit « capitaux propres : 20 000 € » au passif et « local : 50 000 € » à l'actif.
- ○ **c.** il inscrit « trésorerie : 20 000 € » et « local : 50 000 € » à l'actif.
- ○ **d.** il inscrit « capitaux propres : 70 000 € » au passif.

3.3. Nicolas achète un bâtiment. Pour ce faire, il utilise 50 000 € de sa trésorerie et s'endette de 30 000 € (le bâtiment coûte 80 000 €). Comment Nicolas doit-il enregistrer ces opérations ?

- ○ **a.** Il inscrit « bâtiment 80 000 € » à l'actif.
- ○ **b.** Il enregistre un passif supplémentaire de 30 000 €.
- ○ **c.** Le total de l'actif augmente de 80 000 €.
- ○ **d.** Le total du passif augmente de 80 000 €.

3.4. Nicolas utilise sa trésorerie pour acheter une voiture. Comment cette opération se traduit-elle ?

- ○ **a.** Il s'enrichit.
- ○ **b.** Il ne s'enrichit pas.
- ○ **c.** Le total de ses actifs augmente.
- ○ **d.** Ses capitaux propres diminuent.

3.5. Nicolas s'endette pour acheter sa voiture. Comment cette opération se traduit-elle ?

- ○ **a.** Il s'enrichit.
- ○ **b.** Il ne s'enrichit pas.
- ○ **c.** Le total de son actif augmente.
- ○ **d.** Le total de son passif augmente.
- ○ **e.** Ses capitaux propres diminuent.

3.6. Nicolas vend sa voiture pour rembourser sa dette. Comment cette opération se traduit-elle ?

- ○ **a.** Il s'enrichit.
- ○ **b.** Il ne s'enrichit pas.

- ○ c. Le total de ses actifs diminue.
- ○ d. Le total de ses passifs diminue.
- ○ e. Il a plus de trésorerie.
- ○ f. Il a moins de trésorerie.

3.7. Nicolas dispose de 10 000 € sur son compte et d'une machine d'un montant de 5 000 €. Il est endetté d'un montant de 3 000 €. Quel est le montant de ses capitaux propres ?

- ○ a. 3 000 €.
- ○ b. 8 000 €.
- ○ c. 10 000 €.
- ○ d. 15 000 €.
- ○ e. 12 000 €.

Exercice 3.1. Établir un bilan

Une entreprise dispose des biens ci-dessous :

- un fonds de commerce d'un montant de 50 000 € ;
- des machines d'une valeur de 10 000 € ;
- une trésorerie de 5 000 €.

L'entreprise est également endettée à hauteur de 6 000 €.

a. À combien ses capitaux propres s'élèvent-ils ?

b. Établir le bilan de l'entreprise.

Exercice 3.2. Passer du journal au bilan

Une entreprise est créée. Son propriétaire lui apporte un local d'une valeur de 50 000 € qu'il possédait déjà. Il emprunte, par ailleurs, 10 000 € à la banque et il achète une machine pour 500 €.

a. Passer les opérations au journal.

b. Établir le bilan de l'entreprise après ces opérations.

CORRIGÉS

QCM

3.1. ✓ a. Une machine est un actif, un bien dont dispose l'entreprise. Elle est classée dans les immobilisations car c'est un bien durable.

3.2. ✓ c. ✓ d. Nicolas apporte deux actifs à l'entreprise, la trésorerie et le local. Ces deux biens viennent de ses ressources propres (ou capitaux propres). Il inscrit donc la valeur de ces deux biens au passif, soit 70 000 €.

Au journal

	Débit	Crédit
Trésorerie	20 000	
Capitaux propres (apport de Nicolas)		20 000
Local	50 000	
Capitaux propres (apport de Nicolas)		50 000

Au bilan

Actif		Passif	
Local	50 000	Capitaux propres	70 000
Trésorerie	20 000		

3.3. ✓**a.** ✓**b.** Quel que soit le mode de financement, l'achat du bâtiment doit être enregistré à l'actif dans les immobilisations. Celles-ci augmentent donc de 80 000 €. La trésorerie diminuant de 50 000 €, le total de l'actif augmente donc de 30 000 € seulement. Au passif, les capitaux propres ne sont pas modifiés. En revanche, les dettes augmentent de 30 000 €, ce qui fait augmenter le passif de 30 000 €.

3.4. ✓**b.** Acheter une voiture avec sa trésorerie ne fait pas de Nicolas quelqu'un de plus riche. En effet, s'il revend sa voiture, il retrouve sa trésorerie. Les capitaux propres ne sont pas modifiés par des opérations entre actifs.

Au bilan (exemple : voiture de 8 000 € – il n'y a pas d'autre actif précédemment dans l'entreprise, ni dette, seulement une trésorerie de 10 000 €)

Actif		Passif	
Voiture	0 → 8 000	Capitaux propres	10 000
Trésorerie	10 000 → 2 000		
Total actif	10 000	Total passif	10 000

3.5. ✓**b.** ✓**c.** ✓**d.** S'endetter pour acheter une voiture ne fait pas de Nicolas un homme plus riche ou moins riche. Les opérations entre actifs et dettes sont neutres pour le patrimoine. En revanche l'emprunt augmente le total du passif et l'achat de la voiture augmente le total de l'actif.

Au bilan

Actif		Passif	
Voiture	0 → 8 000	Capitaux propres	10 000
Trésorerie	10 000	Emprunt	0 → 8 000
Total actif	10 000 → 18 000	Total passif	10 000 → 18 000

3.6. ✅ b. ✅ c. ✅ d. Cette opération est neutre pour le patrimoine. Le remboursement de l'emprunt se traduit par une baisse du total du passif, et la vente de la voiture par une baisse du total de l'actif. Il n'y a aucun effet sur la trésorerie, l'opération se faisant entre le compte « Voiture » et le compte « Dette ».

Au bilan

Actif		Passif	
Voiture	8 000 → 0	Capitaux propres	10 000
Trésorerie	10 000	Emprunt	8 000 → 0
Total actif	18 000 → 10 000	Total passif	18 000 → 10 000

3.7. ✅ e. Le total de l'actif est de 10 000 + 5 000 = 15 000 €. Et les dettes sont de 3 000 €. Par conséquent, les capitaux propres sont de 15 000 – 3 000= 12 000 €.

Exercice 3.1. Établir un bilan

a. Montant des capitaux propres

Les capitaux propres sont égaux au total de l'actif moins les dettes.

Total actif = 50 000 + 10 000 + 5 000 = 65 000 €

Capitaux propres = 65 000 – 6000 = 59 000 €

Le fonds de commerce correspond à la valeur de la clientèle. C'est un actif durable, une immobilisation.

b. Bilan de l'entreprise

Actif		Passif	
Fonds de commerce	50 000	Capitaux propres	59 000
Machines	10 000	Emprunt	6 000
Trésorerie	5 000		
Total actif	65 000	Total passif	65 000

Exercice 3.2. Passer du journal au bilan

a. Journal

	Débit	Crédit
Local (immobilisation)	50 000	
Apport du propriétaire		50 000
Trésorerie	10 000	
Emprunt		10 000
Machine	500	
Trésorerie		500

b. Bilan

Actif		Passif	
Local	50 000	Capitaux propres	50 000
Machine	500	Emprunt	10 000
Trésorerie	9 500		
Total actif	60 000	Total passif	60 000

Le montant de la trésorerie se calcule en additionnant les débits du compte de trésorerie et en soustrayant les crédits du compte de trésorerie.

Les capitaux propres s'obtiennent en retranchant les dettes du total des actifs, soit 50 000 + 500 + 9 500 – 10 000 = 50 000 €. Ils correspondent ici au montant de l'apport.

FICHE 4

Le compte de résultat

1 Le résultat : différence entre produits et charges

Le **compte de résultat** est le deuxième document de synthèse. Il constitue un **résumé des opérations qui enrichissent et appauvrissent l'entreprise sur une période donnée** (d'où la métaphore souvent utilisée du « film »). C'est un document en deux colonnes, comme le bilan. La colonne de gauche recense les charges et celle de droite les produits.

Figure 4.1. Le compte de résultat

Charges	Produits
Achats Personnel, etc.	Ventes Produits financiers, etc.
Bénéfice	

Charges	Produits
Achats Personnel, etc.	Ventes Produits financiers, etc.
	Perte

A. Les produits et les charges

Les **comptes de produits** enregistrent les opérations qui **enrichissent** l'entreprise, par exemple les ventes ou les produits financiers.

Les **comptes de charges** enregistrent les opérations qui **appauvrissent** l'entreprise (achats de matières premières, de marchandises, autres charges externes, charges de personnel, charges fiscales ou encore charges d'intérêts).

B. Le résultat

Les deux colonnes ne sont pas nécessairement égales. La différence entre les produits et les charges constitue le résultat et représente **l'enrichissement net** (ou l'appauvrissement net) de l'entreprise sur la période.

Par **convention**, on fait figurer un résultat positif (un bénéfice) dans la colonne des charges et un résultat négatif (une perte) dans celle des produits, l'objectif étant que les montants des deux colonnes s'équilibrent.

Exemple : Nicolas commence son activité. Il achète des matières premières pour 1 000 € le 20 février, rémunère un employé pour 2 000 € le 10 mars et réalise des ventes pour 4 000 € le 3 avril. Enregistrons d'abord ces opérations au journal :

		Débit	Crédit
20 février	**Achat de matières premières pour 1 000 €** Matières premières Trésorerie	 1 000 	 1 000
10 mars	**Rémunération d'un employé pour 2 000 €** Personnel Trésorerie	 2 000 	 2 000
3 avril	**Ventes pour 4 000 €** Trésorerie Ventes	 4 000 	 4 000

Établissons ensuite le compte de résultat correspondant à ces opérations du début d'année :

Charges		Produits	
Achat de matières premières	1 000	Ventes	4 000
Charges de personnel	2 000		
Bénéfice	**1 000**		

2 Du compte de résultat au bilan

Le nouveau bilan peut être établi grâce à la détermination du résultat. En effet, le résultat représente l'enrichissement ou l'appauvrissement net de l'entreprise. Il modifie donc le **montant des capitaux propres** de l'entreprise, qui vont augmenter si l'entreprise réalise un bénéfice ou diminuer en cas de perte.

Cette modification des capitaux propres correspond à la création ou à la destruction d'une ressource. Comme, à tout moment, l'actif équivaut au passif, ce changement au passif doit se répercuter à l'actif. Il faut donc regarder sous quelle forme la ressource créée ou détruite se présente. Ici, nous sommes dans le cas simple où il s'agit d'une modification de la trésorerie, mais cela ne sera pas toujours ainsi comme nous pourrons le voir plus loin.

Figure 4.2. Résultat et capitaux propres

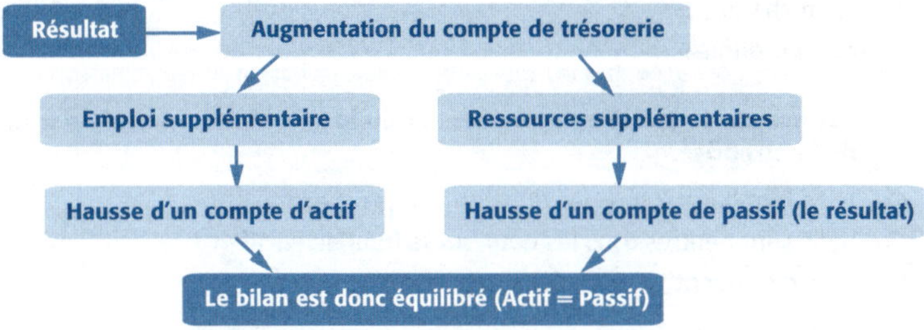

Exemple : Nicolas cherche à connaître sa nouvelle situation financière fin avril. Pour cela, il doit établir son nouveau bilan. Concernant ses actifs, le montant de la machine (28 000 €) n'a pas changé. En revanche, il dispose d'une trésorerie plus importante (+ 1 000 €, elle s'élève donc maintenant à 3 000 €) grâce à des recettes dépassant les dépenses. Concernant ses passifs, le montant des dettes (10 000 €) n'a pas changé, ce qui n'est pas le cas des capitaux propres (le résultat de 1 000 € vient les augmenter, ils s'élèvent désormais à 21 000 €).

Actif		Passif	
Immobilisations	28 000	Capitaux propres	21 000
		Apport initial	20 000
		Résultat	1 000
Trésorerie	3 000		
		Dettes	10 000
Total	31 000	Total	31 000

APPLICATIONS

QCM

Choisissez, parmi les propositions suivantes, la ou les bonne(s) réponse(s).

4.1. Nicolas achète des matières premières. Il enregistre cet achat :

- ○ **a.** à l'actif ;
- ○ **b.** au passif ;
- ○ **c.** en charges ;
- ○ **d.** en produits.

4.2. Nicolas achète un local. Cet achat est enregistré :

- ○ **a.** à l'actif ;
- ○ **b.** au passif ;
- ○ **c.** en charges ;
- ○ **d.** en produits.

4.3. Les achats de matières premières et du local ont été financés par la trésorerie de l'entreprise.

- ○ **a.** Ils font baisser tous les deux un compte d'actif.
- ○ **b.** Ils sont neutres tous les deux sur le total de l'actif.
- ○ **c.** Ils diminuent tous les deux le patrimoine.

4.4. Nicolas achète pour 1 000 € de matières premières, il paye 100 € d'intérêts à sa banque et vend pour 1 500 € de produits finis. Que peut-on en conclure ?

- ○ **a.** Nicolas s'enrichit de 500 €.
- ○ **b.** Il s'enrichit de 400 €.
- ○ **c.** Son compte de trésorerie est débité de 1 100 € et crédité de 1 500 €.
- ○ **d.** Sa trésorerie augmente en net de 500 €.

4.5. Une vente de produits finis pour 2 000 € :

- ○ **a.** augmente le résultat de 2 000 €.
- ○ **b.** se traduit par le crédit d'un compte de produits et le crédit d'un compte de trésorerie.
- ○ **c.** se traduit par le débit d'un compte de produits et le crédit du compte de trésorerie.

4.6. Si Nicolas fait un bénéfice, il va l'inscrire :

- ○ **a.** dans la colonne des charges.
- ○ **b.** dans la colonne des produits.
- ○ **c.** au passif.

4.7. Si l'apport initial de Nicolas à son entreprise est de 10 000 € et que ses capitaux propres actuels sont de 12 000 €. Cela signifie :

○ a. qu'il s'est enrichi.
○ b. qu'il a nécessairement emprunté de l'argent à la banque.
○ c. que son compte de trésorerie a aussi augmenté de 2 000 €.

Exercice 4.1. Passer du compte de résultat au bilan

Pour créer une entreprise, son propriétaire effectue les opérations suivantes :

- apport personnel de 24 000 € à l'entreprise qu'il dépose à la banque sur le compte de l'entreprise ;
- apport à l'entreprise de locaux commerciaux (56 000 €) et d'une camionnette (12 000 €) ;
- achat de matériel de bureau pour 9 000 €.

a. Établir le bilan de l'entreprise le jour de sa création.

L'exploitation commence. Elle se traduit par les opérations suivantes réalisées lors du premier mois :

- achat de marchandises (960 €) ;
- paiement de fournitures de bureau (50 €) et de timbres postaux (156 €) ;
- ventes de marchandises (1 130 €) ;
- paiement d'une facture de téléphone (200 €).

b. Établir le compte de résultat du premier mois et le bilan à la fin de ce même mois.

Exercice 4.2. Dresser le compte de résultat et le bilan à partir du journal

André souhaite reprendre une entreprise. Pour la financer, il apporte 900 000 € et emprunte 600 000 € le 2 janvier. Le 5 janvier, il réalise l'acquisition :

- fonds de commerce : 200 000 € ;
- local commercial : 680 000 € ;
- matériel de bureau : 32 000 € ;
- mobilier de bureau : 14 000 €.

Le 10 janvier, il achète des marchandises à son fournisseur pour 9 000 €.

Le 15 janvier, il réalise 15 000 € de ventes.

Le 18 janvier, il réalise des travaux d'entretien pour 18 000 € et règle une annonce publicitaire dans le journal local pour 800 €.

Le 30 janvier, il verse à ses employés leurs salaires pour un montant total de 6 000 €.

Le 31 janvier, il réalise 27 000 € de ventes.

a. Passer les écritures du 2 janvier au 5 janvier au journal et établir le bilan au 5 janvier au soir. À combien s'élève l'actif ? Le passif ? Le patrimoine de l'entreprise ?

b. Passer les écritures du 10 janvier au 31 janvier au journal.

c. Établir le compte de résultat (période du 10 au 31 janvier) et le bilan au 31 janvier. À combien s'élève le résultat ? Est-ce un bénéfice ou une perte ? À combien s'élève l'actif ? Le passif ? Le patrimoine ?

CORRIGÉS

QCM

4.1. ✔ **c.** L'achat de matières premières appauvrit Nicolas car elles sont consommées rapidement. Il faut donc les enregistrer en charges, ce qui diminue le résultat.

4.2. ✔ **a.** L'achat d'un local n'appauvrit pas Nicolas, un local étant un bien durable susceptible d'être revendu. Il n'est donc pas inscrit au compte de résultat, mais au bilan dans les « immobilisations ». L'achat d'une immobilisation entraîne le crédit du compte de trésorerie à l'actif et le débit du compte d'immobilisation à l'actif également. L'opération est neutre pour les capitaux propres au passif.

4.3. ✔ **a.** Les deux achats font baisser la trésorerie à l'actif, mais si l'achat du local est neutre pour le total de l'actif (car il se traduit par l'augmentation d'un autre compte d'actif), il n'en est pas de même pour l'achat de matières premières qui est enregistré en charges. Ainsi, l'achat des matières premières aura un impact sur le résultat et donc sur le patrimoine alors que l'achat du local sera neutre.

4.4. ✔ **b.** L'achat de matières premières et le paiement des intérêts, qui constituent des charges, font baisser la trésorerie (qui est donc créditée de 1 100 €) alors que les ventes, qui sont des produits, l'augmentent (elle est débitée de 1 500 €). L'enrichissement net, le résultat, est de 1 500 – 1 000 – 100 = 400 €, ce qui correspond également ici à la variation de la trésorerie. Attention : ce n'est pas toujours le cas.

4.5. ✔ **a.** La vente de produits finis est un produit, elle augmente donc le résultat. Au journal, le compte de ventes est crédité et le compte de trésorerie est débité.

4.6. ✔ **a.** ✔ **c.** Le résultat est inscrit au compte de résultat et au bilan. Au compte de résultat, il représente la différence entre les produits et les charges. Par convention, le bénéfice est inscrit au bas de la colonne des charges. Le résultat est également reporté au passif, dans les capitaux propres.

4.7. ✔ **a.** Les capitaux propres mesurent la richesse de l'entreprise, son patrimoine. Ils sont constitués de l'apport initial de Nicolas et des résultats, année après année, de l'entreprise. Ils peuvent diminuer (être inférieurs à l'apport initial) si l'entreprise de Nicolas subit des pertes ou augmenter si elle réalise des bénéfices. Dans le cas présent, Nicolas s'est enrichi.

Un emprunt à la banque n'augmente pas les capitaux propres mais les dettes. Il a donc un impact sur le total des ressources de l'entreprise (le passif), mais pas sur la partie « ressources propres » du passif.

L'augmentation de la trésorerie correspond à l'augmentation d'un compte d'actif. Celle-ci peut avoir pour origine un résultat positif, mais également d'autres facteurs comme un emprunt à la banque ou la vente d'un autre actif. Le résultat n'a donc pas nécessairement un impact sur la trésorerie.

Exercice 4.1. Passer du compte de résultat au bilan

Remarque : seuls les bilans et les comptes de résultat sont demandés, l'enregistrement des opérations au journal est communiqué pour information.

a. Bilan à la création

Journal (premières opérations – constitution de l'entreprise)

	Débit	Crédit
Trésorerie	24 000	
Capitaux propres		24 000
Locaux commerciaux	56 000	
Camionnette	12 000	
Capitaux propres		68 000
Matériel de bureau	9 000	
Trésorerie		9 000

Un achat consiste à utiliser la trésorerie pour acheter un bien alors qu'un apport correspond au transfert d'un bien détenu par le chef d'entreprise (dans ses biens propres) à l'entreprise. Ce dernier augmente donc le patrimoine de l'entreprise.

Bilan après ces premières opérations

Actif		Passif	
Immobilisations	77 000	Capitaux propres	92 000
Locaux commerciaux	56 000		
Camionnette	12 000		
Matériel de bureau	9 000		
Trésorerie	15 000		
Total actif	92 000	Total passif	92 000

Le montant de la trésorerie s'obtient en additionnant les débits du compte de trésorerie et en soustrayant les crédits : 24 000 – 9 000 = 15 000 €.

b. Compte de résultat et bilan à la fin du premier mois d'exploitation

Journal (opérations pour commencer l'exploitation)

	Débit	Crédit
Marchandises	960	
Trésorerie		960
Fournitures de bureau	50	
Timbres postaux	156	
Trésorerie		206
Trésorerie	1 130	
Ventes de marchandises		1 130
Téléphone	200	
Trésorerie		200

Compte de résultat correspondant à ces opérations

Charges		Produits	
Achats de marchandises	960	Ventes de marchandises	1 130
Fournitures de bureau	50		
Timbres postaux	156		
Téléphone	200		
Total charges	1 366	Total produits	1 130
		Perte	**236**

Bilan à la fin de ces opérations

Actif		Passif	
Immobilisations	77 000	Capitaux propres	91 764
Locaux commerciaux	56 000	Apport initial	92 000
Camionnette	12 000	Résultat de l'exercice	– 236
Matériel de bureau	9 000		
Trésorerie	14 764		
Total actif	91 764	Total passif	91 764

La trésorerie s'obtient en additionnant à la trésorerie initiale les débits du compte de trésorerie et en soustrayant les crédits du compte de trésorerie : 15 000 + 1 130 – 960 – 50 – 156 – 200 = 14 764. Pour calculer le montant des capitaux propres, on ajoute à l'apport initial le montant du résultat : 92 000 – 236 = 91 764. Dans le cas présent, les capitaux propres diminuent car le résultat est une perte.

Il faut noter que le résultat correspond ici à la variation de la trésorerie car toutes les opérations au compte de résultat avaient pour contrepartie un crédit ou un débit de la trésorerie. Il n'en est pas toujours ainsi d'où l'importance de ne pas reporter « automatiquement » le résultat dans la trésorerie mais bien de calculer les deux séparément.

Exercice 4.2. Dresser le compte de résultat et le bilan à partir du journal

a. Opérations du 2 au 5 janvier et bilan au 5 janvier

Journal du 2 au 5 janvier

		Débit	Crédit
2 janvier	Trésorerie	900 000	
	Capitaux propres		900 000
2 janvier	Trésorerie	600 000	
	Emprunt		600 000

		Débit	Crédit
5 janvier	Fonds de commerce	200 000	
	Local commercial	680 000	
	Matériels de bureau	32 000	
	Mobilier de bureau	14 000	
	Trésorerie		926 000

Bilan au 5 janvier

Actif		Passif	
Immobilisations	926 000	Capitaux propres	900 000
Fonds de commerce	200 000		
Local commercial	680 000	Dettes	600 000
Matériel de bureau	32 000		
Mobiliser de bureau	14 000		
Trésorerie	574 000		
Total actif	1 500 000	Total passif	1 500 000

La trésorerie s'obtient en additionnant les débits du compte de trésorerie et en soustrayant les crédits : 900 000 + 600 000 – 926 000 = 574 000 €.

Le patrimoine correspond aux capitaux propres, il s'élève à 900 000 €.

b. Journal du 10 janvier au 31 janvier

		Débit	Crédit
10 janvier	Achat de marchandises	9 000	
	Trésorerie		9 000
15 janvier	Trésorerie	15 000	
	Ventes de marchandises		15 000
18 janvier	Travaux d'entretien	18 000	
	Annonce publicitaire	800	
	Trésorerie		18 800
30 janvier	Rémunération du personnel	6 000	
	Trésorerie		6 000
31 janvier	Trésorerie	27 000	
	Ventes de marchandises		27 000

c. Compte de résultat (10 au 31 janvier) et bilan au 31 janvier

Compte de résultat (période du 10 au 31 janvier)

Charges		Produits	
Achats de marchandises	9 000	Ventes de marchandises	42 000
Travaux	18 000		
Annonce publicitaire	800		
Personnel	6 000		
Bénéfice	8200		

Bilan au 31 janvier

Actif		Passif	
Immobilisations	926 000	Capitaux propres	908 200
Fonds de commerce	200 000	Apport initial	900 000
Local commercial	680 000	Résultat	8 200
Matériel de bureau	32 000		
Mobiliser de bureau	14 000		
Trésorerie	582 200	Dettes	600 000
Total actif	1 508 200	Total passif	1 508 200

Pour établir ce deuxième bilan, il faut reprendre le précédent et modifier le montant des postes quand c'est nécessaire. C'est le cas ici pour les capitaux propres et la trésorerie.

Le nouveau montant des capitaux propres s'obtient en ajoutant le résultat à l'apport initial.

Le montant de la trésorerie se calcule en additionnant à la trésorerie du bilan précédent (574 000) les débits du compte de trésorerie (15 000 + 27 000) et en soustrayant les crédits du compte de trésorerie (9 000 + 18 000 + 800 + 6 000). La nouvelle trésorerie est égale à 582 200.

Le bilan est bien équilibré, ce qui permet de s'assurer qu'il n'y a pas d'erreur.

Il faut noter que le résultat correspond ici à la variation de la trésorerie car toutes les opérations au compte de résultat avaient pour contrepartie un crédit ou un débit de la trésorerie. Il n'en est pas toujours ainsi : il ne faut donc jamais reporter « automatiquement » le résultat dans la trésorerie, mais bien calculer les deux séparément.

FICHE 5

Les comptes

1 Les comptes du bilan et ceux du compte de résultat

Le Plan comptable général (PCG) établit une **liste harmonisée** des actifs, passifs, charges et produits. Ainsi, tous les comptables utilisent les mêmes catégories et la même terminologie. Il donne également des **numéros aux comptes** afin de simplifier leur utilisation et **regroupe** les comptes par grandes catégories ou « **classes** ».

Figure 5.1. Les classes de comptes du PCG

Actif	Passif
Classe 2 : Immobilisations Classe 3 : Stocks et en-cours Classe 4 : Comptes de tiers (créances) Classe 5 : Comptes financiers	Classe 1 : Capitaux Classe 4 : Comptes de tiers (dettes)

Charges	Produits
Classe 6 : Charges	Classe 7 : Produits

Les classes sont elles-mêmes subdivisées en sous-catégories. Par exemple, la classe 6 regroupe les achats (comptes débutant par 60), les autres charges externes (61 et 62), les impôts et taxes (63), les charges de personnel (64), les autres charges de gestion courante (65), les charges financières (66), les charges exceptionnelles (67), les dotations aux amortissements et provisions (68) et la participation des salariés et impôts sur les bénéfices (69).

2 Le fonctionnement des comptes

En **partie double,** à chaque opération (ou flux), deux écritures sont enregistrées : au crédit du compte d'où provient le flux (son origine) et au débit du compte où arrive le flux (sa destination).

Il est prévu par la réglementation, en complément du journal qui permet de suivre les opérations dans l'ordre chronologique, de **suivre** également **individuellement** les **comptes. Les comptes** « **en T** » permettent ainsi de représenter tous les mouvements de débits et crédits sur un compte**.** Ils sont regroupés dans le **Grand livre**.

Figure 5.2. Les comptes en T

Compte X

Débit	Crédit
Opération a	Opération b

Si, à la fin de la période étudiée, la somme des débits sur un compte est supérieure à la somme des crédits, le solde du compte est **débiteur**. Dans la situation inverse, il est **créditeur**. Un solde débiteur est inscrit dans la colonne crédit ; le solde créditeur, dans la colonne débit. Le tout est donc équilibré. Les soldes de clôture de chaque compte sont reportés dans le document appelé « **balance** »**.**

Quand la nouvelle période débute, les soldes précédents sont reportés dans les nouveaux comptes en T. En revanche, cette fois-ci, les soldes de clôture débiteurs sont inscrits au débit et les soldes créditeurs au crédit.

Exemple : au 1er janvier, le compte de trésorerie (512) présente un solde débiteur de 2 000 € et le solde du compte de dettes financières (16) est nul. L'entreprise contracte une dette de 10 000 € le 15 janvier et rembourse la moitié de cette dette le 30 juin. Pour simplifier, il est considéré qu'il n'y a pas d'autre opération affectant le compte de trésorerie ou le compte de dettes dans l'année.

Journal

		Débit	Crédit
1er janvier	512. Trésorerie 16. Emprunt	10 000	 10 000
30 juin	16. Emprunt 512. Trésorerie	5 000	 5 000

Grand livre

Compte 512

Débit	Crédit
Solde d'ouverture : 2 000	
01/01 : 10 000	30/06 : 5 000
	Solde débiteur : 7 000

Compte 16

Débit	Crédit
Solde d'ouverture : 0	
30/06 : 5 000	01/01 : 10 000
Solde créditeur : 5 000	

Sur le compte 512, la somme des débits (2 000 + 10 000) dépasse la somme des crédits (5 000), le solde est donc débiteur de 7 000. Ce montant est inscrit dans la colonne crédit. En revanche, au compte 16, la somme des crédits est supérieure à la somme des débits : le solde est créditeur et inscrit dans la colonne des débits.

Il faut noter que le solde d'ouverture du compte 512, débiteur de 2 000, a été inscrit dans la colonne des débits.

3 Débit ou crédit du compte ?

Figure 5.3. Débit et crédit, actif et passif, charges et produits

Bilan

Actif	Passif
Débit d'un actif = hausse de cet actif Crédit d'un actif = baisse de cet actif	Débit d'un passif = baisse de ce passif Crédit d'un passif = hausse de ce passif

Compte de résultat

Charges	Produits
Débit d'une charge = hausse de cette charge Crédit d'une charge = baisse de cette charge	Débit d'un produit = baisse de ce produit Crédit d'un produit = hausse de ce produit

APPLICATIONS

QCM

Choisissez, parmi les propositions suivantes, la ou les bonne(s) réponse(s).

5.1. Une entreprise rémunère un salarié 1 000 €.

○ **a.** Elle crédite le compte 64.
○ **b.** Elle débite un compte de bilan.
○ **c.** Elle crédite un compte de bilan.

5.2. Une entreprise vend des produits finis pour 2 000 €.

○ **a.** Aucun compte de bilan n'est mouvementé.
○ **b.** Un ou plusieurs comptes de bilan peuvent être mouvementés.
○ **c.** Au moins un compte de bilan est nécessairement mouvementé.

5.3. Au début d'un exercice :

○ **a.** les comptes de résultat ont tous un solde nul.
○ **b.** les comptes de résultat peuvent avoir un solde débiteur, créditeur ou nul.
○ **c.** les comptes de bilan sont toujours débiteurs.

5.4. L'achat d'un terrain entraîne nécessairement :

○ **a.** le débit d'un compte d'immobilisation.
○ **b.** un total actif qui augmente.
○ **c.** une charge supplémentaire.

5.5. Rembourser un emprunt :

○ **a.** impacte le résultat.
○ **b.** entraîne le débit du compte emprunt.
○ **c.** entraîne le crédit du compte emprunt.

5.6. Une opération au bilan :

○ **a.** a nécessairement une contrepartie au compte de résultat.
○ **b.** a nécessairement une contrepartie au bilan.
○ **c.** entraîne le débit et/ou le crédit d'un compte de bilan.

5.7. Le compte de trésorerie :

○ **a.** présente toujours un solde de clôture débiteur.
○ **b.** présente toujours un solde de clôture égal au résultat.
○ **c.** peut avoir un solde débiteur, créditeur ou nul.

Exercice 5.1. Maîtriser le modèle comptable : journal, bilan et compte de résultat

L'entreprise MICK est constituée le 1er janvier, par apport initial de 150 000 € de son propriétaire. Le 2 janvier, ce dernier négocie un prêt de 60 000 € auprès de sa banque.

Il profite du début du mois de janvier pour préparer son exploitation :

- il achète un local pour 50 000 € le 10 janvier et signe un contrat de location, le 10 janvier également, pour un deuxième (1 000 € à payer le 5 de chaque mois, premier loyer versé le 5 février) ;
- il achète des machines pour 15 000 € le 12 janvier ;
- il recrute des employés le 15 janvier, l'un au salaire de 1 000 € et l'autre plus qualifié au salaire de 2 000 €. Les salariés doivent être payés la dernière semaine du mois (le mois de janvier compte pour un demi-mois). Il doit également s'acquitter des charges sociales (50 % du salaire pour simplifier) le 15 du mois suivant le versement du salaire ;
- enfin, il achète des matières premières, toujours le 15 janvier, pour 5 000 €.

Il commence son activité à la mi-janvier et vend des produits finis pour 10 000 € le 20 février et tous les 20 des mois suivants. Il achète régulièrement des matières premières, tous les 15 du mois, toujours pour 5 000 €.

a. Enregistrer les opérations entre le 1er janvier et le 31 mars au journal, en veillant à utiliser les numéros de comptes du PCG.

b. Établir le bilan au 14 janvier puis le compte de résultat et le bilan au 31 décembre.

Exercice 5.2. Utiliser les comptes en T

Conformément à la réglementation, le comptable de l'entreprise MICK établit également des comptes en T pour tenir la comptabilité de l'entreprise.

a. Déterminer les soldes au 1er décembre des comptes de trésorerie et de charges de personnel de l'entreprise MICK.

b. Établir les comptes en T de trésorerie et de charges de personnel pour le mois de décembre et en déduire leurs soldes de clôture au 31 décembre.

CORRIGÉS

QCM

5.1. ✓c. Pour rémunérer son salarié (débit du compte charges de personnel 64), l'entreprise utilise sa trésorerie (crédit du compte d'actif 512).

5.2. ✓c. Une vente de produits finis correspond à un enrichissement, qui se verra dans les capitaux propres au passif. De plus, cet enrichissement augmente un compte d'actif (la trésorerie si les ventes sont réglées au comptant ou les créances si elles sont réalisées à crédit).

5.3. ✓ a. Les comptes de résultat ne concernent que l'activité d'une période, ils sont donc tous nuls au début de la période. En revanche, les comptes de bilan représentent des comptes de situation, ils expriment la situation du compte à un moment donné. Ils peuvent donc être débiteurs, créditeurs ou nuls.

5.4. ✓ a. L'achat d'un terrain entraîne le débit d'un compte d'immobilisation. Il n'a aucun impact au compte de résultat car l'entreprise ne s'appauvrit pas en achetant un terrain, elle pourrait en effet le revendre. Le total actif n'augmente cependant pas nécessairement parce que, s'il est financé avec de la trésorerie, le compte de trésorerie sera crédité et l'impact sur le total actif sera nul.

5.5. ✓ b. Le remboursement d'un emprunt entraîne le crédit de la trésorerie (à l'actif) et le débit du compte emprunt (au passif).

5.6. ✓ c. Une opération au bilan peut avoir une contrepartie au compte de résultat (par exemple un achat de matières premières entraîne une charge et un crédit du compte de trésorerie) ou au bilan (si cette fois-ci on achète un bien durable par exemple). Elle entraîne nécessairement le débit ou le crédit du compte de bilan mouvementé.

5.7. ✓ c. Le solde de trésorerie peut être débiteur, nul ou créditeur (dans ce dernier cas l'entreprise est en découvert auprès de sa banque). Il n'est, en revanche, pas nécessairement égal au résultat (par exemple, l'achat d'une immobilisation fait baisser le compte de trésorerie mais n'aura pas d'impact au compte de résultat).

Exercice 5.1. Maîtriser le modèle comptable : journal, bilan et compte de résultat

a. Journal du 1er janvier au 31 mars

Il est rappelé que le journal doit être présenté dans l'ordre chronologique.

Date		Débit	Crédit
1er janv.	512. Trésorerie	150 000	
	10. Capitaux propres		150 000
2 janv.	512. Trésorerie	60 000	
	16. Emprunt		60 000
10 janv.	213. Local	50 000	
	512. Trésorerie		50 000
12 janv.	215. Machines	15 000	
	512. Trésorerie		15 000
15 janv.	601. Achat de matières premières (MP)	5 000	
	512. Trésorerie		5 000

Date		Débit	Crédit
25 janv.	641. Personnel	1 500	
	512. Trésorerie		1 500
5 févr.	613. Loyer	1 000	
	512. Trésorerie		1 000
15 févr.	601. Achat de matières premières	5 000	
	512. Trésorerie		5 000
15 févr.	645. Charges sociales	750	
	512. Trésorerie		750
20 févr.	512. Trésorerie	10 000	
	701. Vente de produits finis		10 000
25 févr.	641. Personnel	3 000	
	512. Trésorerie		3 000
5 mars	613. Loyer	1 000	
	512. Trésorerie		1 000
15 mars	601. Achat de matières premières	5 000	
	512. Trésorerie		5 000
15 mars	645. Charges sociales	1 500	
	512. Trésorerie		1 500
20 mars	512. Trésorerie	10 000	
	701. Vente de produits finis		10 000
25 mars	641. Personnel	3 000	
	512. Trésorerie		3 000

Un loyer correspond à une charge, contrairement à l'achat d'un local. Il y aura donc un impact sur le compte de résultat pour la location mais pas pour l'achat.

Pour le calcul des salaires, janvier correspond à un demi-mois, donc (2 000 + 1 000)/2 = 1 500. Pour les charges sociales, elles correspondent à 50 % du salaire : 1 500/2 = 750. 750 € seront ainsi versés en février au titre des charges de janvier puis 1 500 € (3 000/2) les mois suivants.

b. Bilan et compte de résultat

Bilan au 14 janvier

Pour établir le bilan au 14 janvier, on recense les différents actifs et passifs présents à cette date.

Actif		Passif	
Immobilisations	65 000	Capitaux propres	150 000
Local	50 000		
Machines	15 000	Dettes	60 000
Trésorerie	145 000		
Total actif	210 000	Total passif	210 000

Le montant de la trésorerie s'obtient en additionnant les débits du compte de trésorerie (150 000 + 60 000) auxquels sont soustraits les crédits du compte de trésorerie (50 000 + 15 000) jusqu'au 14 janvier..

Compte de résultat de l'année

Pour établir le compte de résultat, il faut recenser l'ensemble des charges et des produits de l'année. Un journal mentionnant les numéros de compte permet d'établir plus rapidement le compte de résultat, les comptes de charges commençant par 6 et les comptes de produits par 7.

Charges		Produits	
Achats de MP	60 000 (5 000 × 12)	Vente de produits	110 000 (10 000 × 11)
Loyers	11 000 (1 000 × 11)		
Personnel	34 500 (1 500 + 3 000 × 11)		
Charges sociales	15 750 (750 + 1500 × 10)		
		Perte	11 250

Bilan au 31 décembre

Le bilan au 31 décembre est établi à partir du bilan du 14 janvier dans lequel sont modifiés les éléments qui ont évolué. Cela concerne ici la trésorerie et les capitaux propres.

Actif		Passif	
Immobilisations	65 000	Capitaux propres	138 750
Local	50 000	Apport initial	150 000
Machines	15 000	Résultat	– 11 250
Trésorerie	133 750	Dettes	60 000
Total actif	198 750	Total passif	198 750

Le montant des capitaux propres est égal au montant précédent, correspondant à l'apport initial, auquel est soustraite la perte.

Le montant de la trésorerie s'obtient en additionnant à la trésorerie du bilan précédent (145 000), l'ensemble des débits du compte banque (10 000 × 11) et en soustrayant l'ensemble des crédits du compte banque (5 000 × 12 + 1 000 × 11 + 1 500 + 3 000 × 11 + 750 + 1 500 × 10) entre le 14 janvier et le 31 décembre.

L'égalité entre actif et passif permet de vérifier qu'il n'y a pas d'erreur.

À noter que le résultat correspond ici à la variation de la trésorerie car toutes les opérations au compte de résultat ont pour contrepartie un crédit ou un débit de la trésorerie. Il n'en est pas toujours ainsi d'où l'importance de ne pas reporter « automatiquement » le résultat dans la trésorerie. Au contraire, il convient de calculer les deux séparément.

Exercice 5.2. Utiliser les comptes en T

a. Soldes au 1er décembre

Pour déterminer le solde d'ouverture d'un compte au 1er décembre, il faut considérer le montant du compte au 1er janvier puis additionner les débits du compte et soustraire ses crédits jusqu'au 1er décembre.

L'entreprise venant d'être créée, les soldes au 1er janvier de tous les comptes sont nuls. Si ce n'était pas une nouvelle entreprise, les comptes de bilan (par exemple le compte de trésorerie) pourraient avoir un solde positif ou négatif. En revanche, tous les comptes de résultat (comme celui des charges de personnel) auraient quand même un solde nul.

Montant du compte de trésorerie au 1er décembre : 150 000 + 60 000 – 50 000 – 15 000 – (5 000 × 11) – 1 500 – (3 000 × 10) – (1 000 × 10) – 750 – (1 500 × 9) + (10 000 × 10) = 134 250 €.

Les débits sont supérieurs aux crédits, le solde est débiteur.

Montant du compte de charges de personnel au 1er décembre : 1 500 + (3 000 × 10) = 31 500 €.

Il n'y a que des débits sur ce compte, le solde est donc débiteur.

b. Comptes en T pour le mois de décembre

Compte 512

Débit	Crédit
Solde d'ouverture au 01/12 : 134 250	
20/12 : 10 000	05/12 : 1 000
	15/12 : 5 000
	15/12 : 1 500
	25/12 : 3 000
Solde débiteur au 31/12 : 133 750	

Compte 641

Débit	Crédit
Solde d'ouverture au 01/12 : 31 500 25/12 : 3 000	
	Solde créditeur au 31/12 : 34 500

→ Les soldes de clôture au 31 décembre correspondent bien au montant des comptes de trésorerie et de charges de personnel aux bilan et compte de résultat au 31 décembre calculés dans l'exercice précédent.

FICHE 6 Les différents types de biens à l'achat et à la vente

1 L'achat de biens : la différence entre immobilisations et charges

Figure 6.1. Immobilisations ou charges ?

Biens durables →	Immobilisations →	Neutres pour le patrimoine
Biens non durables →	Charges →	Diminution du patrimoine

A. Les immobilisations

Les **biens durables** sont classés dans la catégorie des immobilisations (classe 2 du PCG). Un achat d'immobilisation est **neutre pour le patrimoine** de l'entreprise car l'immobilisation pourrait être revendue.

Exemple : une entreprise utilise sa trésorerie pour acheter une machine coûtant 20 000 €. Le compte de trésorerie est crédité et le compte de machine débité. Ainsi, seuls des comptes d'actifs sont mouvementés par l'opération qui est neutre pour le patrimoine.

	Débit	Crédit
215. Machine	20 000	
512. Trésorerie		20 000

Attention

L'achat d'une immobilisation n'apparaîtra par conséquent **jamais** au compte de résultat.

FICHE 6

B. Les charges

Une entreprise peut acheter des biens à utiliser pendant **un seul cycle d'exploitation**, (matières premières, marchandises diverses). La consommation de ces biens entraînant une **diminution du patrimoine**, ces achats sont classés dans les **charges** (601 pour les matières premières ; 607 pour les marchandises). Il faut noter que les biens durables de petite valeur sont également classés par simplicité dans les charges.

Exemple : une entreprise achète pour 200 € de matières premières. Cet achat fait diminuer son patrimoine car, une fois consommées, les matières premières ne pourront plus être revendues.

	Débit	Crédit
601. Matières premières	200	
512. Trésorerie		200

2 La vente de biens et de services

A. Les produits finis

Les entreprises de **production industrielle** fabriquent des **produits finis à partir des matières premières qu'elles transforment**. Cette production enrichit l'entreprise : elle est classée dans les produits (compte 701).

B. Les marchandises

Les entreprises de **distribution** vendent pour leur part des **marchandises** qui représentent, en comptabilité, des **biens achetés pour être revendus en l'état**. La vente de ces marchandises enrichit également l'entreprise (compte 707).

Exemple : un boulanger-pâtissier vend des gâteaux, considérés comme des produits finis, et possède aussi une activité secondaire d'épicerie. Les produits vendus en épicerie ont été achetés par l'entreprise pour être revendus en l'état, ce sont donc des marchandises. Imaginons des ventes pour 30 € de gâteaux et pour 20 € de produits d'épicerie.

	Débit	Crédit
512. Trésorerie	50	
707. Ventes de marchandises		20
701. Ventes de produits finis		30

Figure 6.2. Différence entre matières premières, marchandises et produits finis

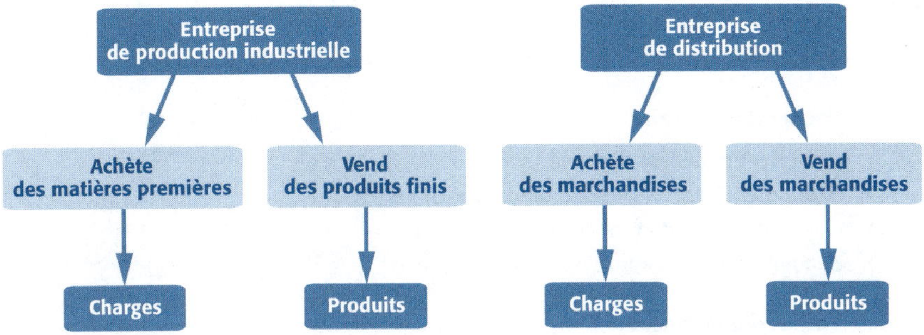

Attention

Un bien n'est pas une matière première, une marchandise ou un produit fini en soi. Tout dépend de sa place dans le cycle de production de l'entreprise. Par exemple, la farine est considérée comme une matière première pour un boulanger, comme un produit fini pour un meunier et comme une marchandise pour un supermarché.

C. Les prestations de services

Il existe également des entreprises de **production de services** dont le chiffre d'affaires est constitué de prestations de services. Ces entreprises ne transformant ni ne vendant aucun bien, elles n'ont pas, dans leurs achats, de matières premières ou de marchandises, ni de produits finis ou de marchandises dans leurs ventes.

Exemple : une compagnie aérienne est une entreprise de production de services. Son chiffre d'affaires est constitué par le prix des billets d'avion. Ces billets ne constituent pas des marchandises (ils n'ont pas été achetés à une autre entreprise) et ne résultent pas non plus de la transformation d'une matière première.

D. Les cessions d'immobilisations

Une entreprise peut également revendre (céder) certaines des immobilisations qu'elle a achetées auparavant. Le cas particulier de ces cessions est traité dans la fiche suivante.

APPLICATIONS

QCM

Choisissez, parmi les propositions suivantes, la ou les bonne(s) réponse(s).

6.1. L'achat d'un terrain :

- ○ **a.** augmente nécessairement le total de l'actif.
- ○ **b.** augmente le compte des capitaux propres.
- ○ **c.** est enregistré dans les charges.
- ○ **d.** augmente le montant d'un compte d'actif.

6.2. L'achat d'une machine :

- ○ **a.** est neutre pour le montant des capitaux propres.
- ○ **b.** diminue le montant des capitaux propres.
- ○ **c.** augmente le montant des capitaux propres.

6.3. Une entreprise peut vendre :

- ○ **a.** des matières premières.
- ○ **b.** des marchandises.
- ○ **c.** des produits finis.

6.4. Les marchandises apparaissent dans :

- ○ **a.** les charges seulement.
- ○ **b.** les produits seulement.
- ○ **c.** les charges et dans les produits.

6.5. Acheter des matières premières au comptant :

- ○ **a.** fait diminuer la trésorerie.
- ○ **b.** ne modifie pas le total de l'actif ni le total du passif.
- ○ **c.** diminue le résultat.

6.6. Toutes les entreprises de production :

- ○ **a.** utilisent des matières premières.
- ○ **b.** vendent des produits finis.
- ○ **c.** présentent un chiffre d'affaires.

6.7. L'achat de fournitures de bureau est enregistré selon le PCG :

- ○ **a.** dans les immobilisations.
- ○ **b.** dans les charges.
- ○ **c.** comme le mobilier de bureau et le matériel de bureau.

Exercice 6.1. Reconnaître les différents types de biens

Passer les écritures correspondant aux opérations réalisées par l'entreprise CAT au journal en veillant à utiliser les numéros de comptes du PCG et préciser celles qui doivent apparaître au compte de résultat :

- achat d'un ordinateur pour 1 000 € et de papier et crayons pour 200 € pour le secrétariat de l'entreprise ;
- vente de machines-outils au client A pour 10 000 € ;
- achat de nouvelles machines pour remplacer les outils de production actuels pour 5 000 € ;
- achat de matières rentrant dans la fabrication des machines-outils pour 2 000 € ;
- achat d'un nouveau bureau pour le directeur du personnel pour 300 €.

Exercice 6.2. Caractériser l'activité d'une société

Une société cotée a publié pour l'exercice N les comptes (bilan et compte de résultat) ci-après.

Caractériser, à partir de ces documents, la nature de l'activité (commerciale et/ou de production, industrielle ou de services) de l'entreprise. Quels sont les éléments à prendre en compte pour la déterminer ?

Bilan actif	N		
	Valeurs brutes	Amort./Deprec.	Valeurs nettes
Immobilisations incorporelles	3 778 110	348 013	3 430 097
Immobilisations corporelles	8 551 505	5 784 462	2 767 043
Immobilisations financières	3 459 812	2 776 697	683 115
Actif immobilisé	**15 789 427**	**8 909 172**	**6 880 255**
Stocks et en-cours	12 488 892	1 808 807	10 680 085
Créances	9 455 415	592 443	8 862 972
VMP	165 943	13 204	152 739
Disponibilités	1 666 905		1 666 905
Charges constatées d'avance	893 755		893 755
Actif circulant	**24 670 910**	**2 414 454**	**22 256 456**
Écarts de conversion actif	2 792		2 792
Total actif	**40 463 129**	**11 323 626**	**29 139 503**

Bilan passif	N
Capital social	4 224 759
Primes d'émission, de fusion, d'apport	6 234 975
Réserve légale et autres réserves indisponibles	300 356
Report à nouveau	1 633 647
Résultat de l'exercice	–458 099
Capitaux propres	**11 935 638**
Provisions pour risques et charges	**280 579**
Emprunts et dettes financières	4 425 970
Dettes fournisseurs	7 426 249
Dettes fiscales et sociales	3 885 018
Dettes sur immobilisations	64 172
Autres dettes	1 077 894
Produits constatés d'avance	6 766
Dettes	**16 886 069**
Écarts de conversion passif	37 218
Total passif	**29 139 504**

Compte de résultat	N
Production vendue de biens	53 410 563
Prestations de services	1 848 061
Chiffre d'affaires net	**55 258 624**
Production stockée	–2 061 958
Reprises sur amortissements et provisions	794 000
Transferts de charges	41 881
Autres produits	145 674
Produits d'exploitation	**54 178 221**
Achats de matières premières	25 517 034
Variations de stocks	254 570
Autres achats et charges externes	9 487 247
Impôts, taxes et versements assimilés	1 008 312
Salaires et traitements	11 319 014
Charges sociales	4 243 148
Dotations d'exploitation	
sur immobilisations (dotations amortissements)	*899 908*
sur actif circulant (dotations dépréciations)	*302 405*
pour risques et charges	*82 288*
Autres charges d'exploitation	144 211

Compte de résultat	N
Charges d'exploitation	**53 258 137**
Résultat d'exploitation	**920 084**
Produits financiers	**567 020**
Dotations financières aux dépréciations	1 505 818
Intérêts et charges assimilés	450 619
Différences négatives de change	108 472
Charges financières	**2 064 909**
Résultat financier	**–1 497 889**
Produits exceptionnels	1 212 006
Charges exceptionnelles	1 397 408
Résultat exceptionnel	**–185 402**
Participation des salariés aux résultats de l'entreprise	–868
Impôts sur les bénéfices	–304 240
Total produits	**55 957 247**
Total charges	**56 415 346**
Résultat net	**–458 099**

CORRIGÉS

QCM

6.1. ✅ **d.** L'achat d'un terrain augmente le compte des immobilisations à l'actif mais, s'il est financé avec de la trésorerie, le total de l'actif ne sera pas modifié.

Actif		Passif
Immobilisation (terrain)	+ xx	
Trésorerie	– xx	

En revanche, si le terrain est financé par endettement, la dette contractée augmentera le passif, et l'achat augmentera à la fois l'actif et le passif.

Actif		Passif	
Immobilisation (terrain)	+ xx	Dette	+ xx

Dans tous les cas, les capitaux propres ne seront pas affectés : les opérations entre comptes d'actif sont neutres pour le patrimoine, comme les opérations entre actifs et dettes.

6.2. ✅ a. L'achat d'une machine augmente un compte d'actif en contrepartie de la diminution d'un autre compte d'actif ou de l'augmentation d'un compte de dette au passif. Il est neutre pour les capitaux propres.

6.3. ✅ b. ✅ c. Un bien n'a pas un statut de matière première en soi. C'est sa place dans le processus de production qui lui vaut cette qualification. Les « matières premières » qualifient les biens que l'entreprise achète pour les transformer. Une entreprise ne peut donc pas vendre de « matières premières ». En revanche, elle peut vendre des produits finis et des marchandises.

6.4. ✅ c. Une entreprise de distribution achète des marchandises pour les revendre en l'état. Les marchandises apparaissent donc en charges et en produits.

6.5. ✅ a. ✅ c. L'achat de matières premières fait baisser la trésorerie à l'actif en contrepartie du débit d'un compte de charges car il appauvrit l'entreprise. L'opération fait donc baisser le résultat et, par construction, les capitaux propres au bilan.

6.6. ✅ c. Toutes les entreprises de production vendent des biens ou des services (ont donc un chiffre d'affaires), mais elles ne sont pas toutes des entreprises de production industrielle. Il existe aussi des entreprises de production de services. Ces dernières ne transforment pas de matières premières en produits finis, mais produisent un service.

6.7. ✅ b. Les fournitures de bureau sont considérées comme des charges, à l'inverse du mobilier et du matériel de bureau qui sont classés en immobilisations.

Exercice 6.1. Reconnaître les différents types de biens

Journal de l'entreprise CAT

	Débit	Crédit
218. Ordinateur 512. Trésorerie	1 000	 1 000
606. Achats de fournitures 512. Trésorerie	200	 200
512. Trésorerie 701. Ventes de produits finis	10 000	 10 000
215. Machines 512. Trésorerie	5 000	 5 000
601. Achats de matières premières 512. Trésorerie	2 000	 2 000
218. Mobilier de bureau 512. Trésorerie	300	 300

Seuls les achats de biens non durables apparaissent au compte de résultat dans les charges. Ici, sont concernées seulement les fournitures et les matières premières. En revanche, les biens durables (l'ordinateur, les machines et le mobilier de bureau) sont enregistrés au bilan. Les machines-outils sont ici les produits finis fabriqués par l'entreprise. Il faut donc les classer dans les produits.

Exercice 6.2. Caractériser l'activité d'une société

Pour savoir si une entreprise est une entreprise commerciale (de distribution) ou industrielle, en regardant ses seuls comptes, il faut se concentrer sur le compte de résultat. En effet, il fait état des achats de matières premières, de marchandises ou des deux à la fois.

Le cas proposé présente une entreprise de **production industrielle**.

Compte de résultat (extrait)	N
Production vendue de biens	53 410 563
Prestations de services	1 848 061
Chiffre d'affaires net	**55 258 624**
Production stockée	–2 061 958
Reprises sur amortissements et provisions	794 000
Transferts de charges	41 881
Autres produits	145 674
Produits d'exploitation	**54 178 221**
Achats de matières premières	25 517 034
Variations de stocks	254 570
…	

L'entreprise réalise également une **activité secondaire de production de services**. Les entreprises qui développent exclusivement une activité de services n'ont ni matières premières ni marchandises, mais seulement un chiffre d'affaires constitué de « prestations de services ».

FICHE 7

Les cessions d'immobilisations

1 Principe général

Pour ne **pas s'appauvrir**, une entreprise qui vend une de ses immobilisations doit la céder à la valeur qu'elle présente dans ses comptes, c'est-à-dire à sa **valeur nette comptable** (voir fiche 19). Or, la **valeur effective de revente** (le prix) peut être plus élevée ou moins élevée (à cause de la conjoncture ou des qualités de négociation du vendeur, par exemple).

Si le prix de vente est supérieur à la valeur nette comptable, l'entreprise réalise une **plus-value** de cession : elle s'**enrichit**.

En revanche, si le prix est inférieur à la valeur nette comptable, l'entreprise réalise une **moins-value** de cession : elle **s'appauvrit**.

Figure 7.1. Achat/vente d'une immobilisation et impact sur le compte de résultat

Achat	Vente
Pas d'impact sur le compte de résultat	Impact sur le compte du résultat égal au montant de la plus-value ou de la moins-value réalisée

2 Comptabilisation

L'opération de cession s'enregistre en deux temps :

– tout d'abord, il faut **comptabiliser le produit de la vente** (dit « produit des cessions d'éléments d'actif », 775) qui est considéré comme un produit, en contrepartie du débit de la trésorerie ;

– ensuite, il faut **enregistrer la sortie de l'immobilisation** des comptes de l'entreprise en considérant que l'entreprise « consomme » la valeur nette de l'immobilisation qui est alors inscrite dans les charges. Le compte 675 « valeur comptable des éléments d'actif cédés » est ainsi débité du montant de la valeur nette comptable, en contrepartie du crédit du compte 21 (valeur brute) et du débit du compte 28 (montant des amortissements antérieurs).

Attention

Si la vente se fait au cours de l'année, il faut d'abord enregistrer une dotation aux amortissements complémentaire correspondant à l'usure du bien entre le 1er janvier et la date de la vente.

FICHE 7

Le montant de la plus-value ou de la moins value, c'est-à-dire **l'impact net** sur le compte de résultat, s'obtient par différence entre le produit de la vente (compte 775) et la valeur nette comptable (compte 675).

Exemple : une entreprise vend le 1er janvier N un de ses mobiliers de bureau, de valeur d'origine 20 000 €, acheté le 1er janvier N–3, pour lequel il a été pratiqué un amortissement linéaire sur 5 ans. Le prix de vente est de 10 000 €.

Calcul de la valeur nette comptable

Dotation aux amortissements annuelle : 20 000/5 = 4 000 €.
Valeur nette comptable au 1er janvier N : 20 000 – (4 000 × 3) = 8 000 €.

Écritures au journal

	Débit	Crédit		
512. Trésorerie 775. Produit des cessions d'éléments d'actif	10 000	 10 000	←	Enregistrement du produit de la vente
28184. Amortissement mobilier 675. Valeur comptable des éléments d'actif cédés 2184. Mobilier de bureau	12 000 8 000	 20 000	←	Sortie du bien de l'actif (consommation de la valeur nette)

Attention

La dotation complémentaire aux amortissements et l'écriture de sortie des comptes de l'immobilisation sont généralement traitées dans les opérations d'inventaire. Elles sont ici explicitées car l'étude des cessions d'immobilisations dépasse le seul cadre de ces opérations.

APPLICATIONS

QCM

Choisissez, parmi les propositions suivantes, la ou les bonne(s) réponse(s).

7.1. Christophe a acheté une machine d'une valeur de 10 000 € le 1er janvier N. Elle est amortissable selon le système linéaire sur 5 ans. Il la revend le 1er juin N. Pour ne pas faire de perte sur cette cession, il doit la vendre au prix minimum de :

- ○ a. 9 000 €.
- ○ b. 8 000 €.
- ○ c. 9 167 €.

7.2. Christophe revend sa voiture 2 000 €.

- ○ a. Ses produits augmentent de 2 000 €.
- ○ b. Son résultat augmente de 2 000 €.

7.3. Une dotation complémentaire aux amortissements doit être enregistrée quand :

- ○ a. l'immobilisation vendue est amortissable.
- ○ b. la valeur nette comptable de l'immobilisation est inférieure au prix de cession.
- ○ c. la cession a lieu en cours d'année.

7.4. Christophe vend au prix de 250 000 € un terrain acheté 100 000 € il y a 20 ans.

- ○ a. Il fait un profit de 150 000 €.
- ○ b. Il fait un profit de 250 000 € car le bien est totalement amorti.

7.5. La dotation complémentaire aux amortissements :

- ○ a. entraîne que le profit sur la cession est plus important (ou que la perte est plus faible).
- ○ b. entraîne que le profit sur la cession est plus faible (ou que la perte est plus importante).

7.6. Lors de la vente d'une immobilisation par l'entreprise, le prix de la vente :

- ○ a. est inscrit en produits.
- ○ b. augmente la trésorerie.
- ○ c. fait augmenter les capitaux propres du même montant.

7.7. La vente d'une immobilisation :

- ○ a. est neutre pour le total de l'actif.
- ○ b. entraîne une baisse de l'actif du montant de la valeur brute de l'immobilisation vendue.
- ○ c. entraîne une baisse de l'actif du montant de la valeur nette de l'immobilisation vendue.
- ○ d. entraîne une hausse de l'actif égale au montant du prix de vente.
- ○ e. entraîne une modification du passif du montant de la plus- ou moins-value.

Exercice 7.1. Céder une immobilisation

Une machine acquise au prix de 30 000 € HT le 1er mars N faisant l'objet d'un amortissement linéaire sur 5 ans est vendue le 1er juillet N+2 au prix de 15 000 €.

a. L'entreprise réalise-t-elle un gain ou une perte sur cette cession ?
b. Procéder aux écritures de cession.

Exercice 7.2. Comprendre l'impact sur les comptes d'une cession d'immobilisation

Remarque : la réalisation de cet exercice nécessite la maîtrise des notions d'amortissement (fiche 19) et de variation des stocks (fiche 18).

Le bilan de l'entreprise ARTH recense au 31 décembre N les biens suivants :

- un terrain d'une valeur de 60 000 € ;
- un bâtiment acheté le 1er janvier N–6, au prix de 40 000 € (bien amortissable sur 20 ans) ;
- deux machines : la première a été acquise le 1er janvier N–1 au prix de 5 000 € (bien amortissable sur 5 ans) ; la seconde le 1er janvier N au prix de 7 000 € (bien amortissable également sur 5 ans) ;
- trésorerie : 5 000 €.

L'entreprise ne possède pas de stocks au 31 décembre N. Il est précisé par ailleurs qu'elle a contracté un emprunt auprès de sa banque il y a quelques années dont le montant inscrit au bilan au 31 décembre N est de 50 000 €.

Pour simplifier, les opérations de l'année N+1 sont réalisées au comptant (ne pas tenir compte de la TVA) :

- achats de matières premières pour 10 000 € ;
- ventes de produits finis pour 30 000 € ;
- paiement de personnel (ne pas tenir compte des charges sociales) pour 5 000 € ;
- achat d'une camionnette le 1er janvier N+1 au prix de 3 000 €, amortissable sur 5 ans ;
- vente de la machine la plus ancienne le 1er mars N+1 pour 2 500 €.

Au 31 décembre N+1, les stocks de matières premières sont de 2 000 €. Il n'y a pas de stocks de produits finis.

a. Recenser et évaluer tous les éléments d'actif au 31 décembre N en distinguant leurs valeurs brutes et leurs valeurs nettes comptables. Établir le bilan de l'entreprise ARTH à cette date.

b. Quel est le patrimoine de l'entreprise ARTH au 31 décembre N ? Il est précisé que le propriétaire-fondateur avait fait un apport personnel de 30 000 € au moment de la création de l'entreprise. L'entreprise fait-elle globalement des bénéfices ou des pertes depuis sa création ?

c. Passer les écritures de l'année N+1 au journal (opérations courantes et opérations d'inventaire).

d. Établir le bilan et le compte de résultat de l'entreprise ARTH au 31 décembre N+1. Quel est le résultat ? Quel est le nouveau patrimoine de l'entreprise ? Quelle est la situation de la trésorerie ?

CORRIGÉS

QCM

7.1. ✓ **c.** Au 1er juin N, la valeur nette comptable (VNC) de la machine est égale à la valeur brute moins les amortissements jusqu'au 1er juin, soit 5 mois. La dotation annuelle est de 10 000/5 = 2 000 €. Pour 5 mois, cela fait 2 000 × 5/12 = 833 €. La VNC est donc de 10 000 – 833 = 9 167 €.

7.2. ✓ **a.** Christophe va enregistrer le produit de la vente, à savoir 2 000 €, dans ses produits. En revanche, son résultat n'augmentera que du profit réellement réalisé sur cette voiture. Pour connaître ce profit, il faut comparer le produit à la valeur nette comptable de la voiture (qui est enregistrée dans les charges).

7.3. ✓ **c.** Il faut enregistrer une dotation complémentaire aux amortissements quand la cession a lieu en cours d'année pour déterminer la valeur nette comptable au moment précis de la cession.

7.4. ✓ **a.** Un terrain ne s'use pas. Sa valeur nette comptable est donc égale à sa valeur brute et le profit est de 250 000 – 100 000 = 150 000 €.

7.5. ✓ **a.** Quand une dotation complémentaire aux amortissements est passée, la valeur nette comptable du bien diminue. Dès lors, l'écart entre le prix de cession et la VNC est plus important.

7.6. ✓ **a.** ✓ **b.** Lors de la vente d'une immobilisation, le produit de la vente (le prix de cession) est inscrit dans les produits en contrepartie du débit de la trésorerie. En revanche, seule la plus-value réalisée augmente les capitaux propres.

7.7. ✓ **e.** Lors de la vente d'une immobilisation, l'actif est minoré du montant de la valeur nette comptable du bien vendu et majoré du prix de vente de l'immobilisation. Le passif est quant à lui majoré ou minoré du montant du résultat égal à la plus- ou moins-value de cession.

Exercice 7.1. Céder une immobilisation

a. Calcul de la plus-value ou de la moins-value

Tableau d'amortissement de la machine

Année	VNC début d'année	Dotation aux amortissements	VNC fin d'année
N	30 000	5 000	25 000
N+1	25 000	6 000	19 000
N+2	19 000	6 000	13 000
N+3	13 000	6 000	7 000
N+4	7 000	6 000	1 000
N+5	1 000	1 000	0

L'année N, la dotation n'est que de 5 000 € (6000 × 10/12) car il faut tenir compte d'un *prorata temporis* (amortissement à partir du 1er mars N).

Calcul de la valeur nette comptable de la machine au 1er juillet N+2

Au 1er janvier N+2, la machine vaut 19 000 €. Pour connaître la valeur nette comptable au 1er juillet N+2, il faut soustraire six mois supplémentaires d'amortissement, à savoir 6 000 × 6/12 = 3 000 €. La valeur nette comptable au 1er juillet N+2 est donc de 16 000 €, ce qui, comparé au prix de cession (15 000 €), représente une perte de 1 000 €.

b. Écritures de cession

Écritures de cession

01/07/N+2	512. Trésorerie	15 000	
	775. Produit des cessions d'éléments d'actif		15 000
	68. Dotation aux amortissements complémentaire	3 000	
	28. Amortissements		3 000
	675. Valeur comptable des éléments d'actifs cédés	16 000	
	28. Amortissements	14 000	
	21. Valeur brute machine		30 000

Exercice 7.2. Comprendre l'impact sur les comptes d'une cession d'immobilisation

a. Situation au 31 décembre N

Valeur des éléments d'actif au 31 décembre N

– Terrain

Valeur brute (VB) = Valeur nette comptable (un terrain ne s'use pas) = 60 000 €

– Bâtiment

VB = Prix d'achat = 40 000 €

Amortissements : 40 000/20 = 2 000 € par an, soit au total depuis l'achat 7 × 2 000 = 14 000 €

Valeur nette comptable (VNC) = 40 000 – 14 000 = 26 000 €

– Machine 1

VB = 5 000 €

Amortissements = (5 000/5) × 2 = 2 000 €

VNC = 3 000 €

– Machine 2

VBC = 7 000 €

Amortissements = (7000/5) × 1 = 1 400 €

VNC = 5 600 €

Bilan au 31 décembre N

Actif				Passif	
Immobilisations				Capitaux propres	49 600
	VB	Amts	VNC	Dettes	50 000
Terrain	60 000		60 000		
Bâtiment	40 000	14 000	26 000		
Machine 1	5 000	2 000	3 000		
Machine 2	7 000	1 400	5 600		
Total	112 000	17 400	94 600		
Stocks			0		
Trésorerie			5 000		
Total actif			**99 600**	**Total passif**	**99 600**

Pour calculer le montant du total de l'actif, il faut considérer le montant de la valeur nette des immobilisations. Pour le patrimoine, en l'absence d'autres informations, il faut partir de l'égalité entre actif et passif.

b. Patrimoine et évolution

Le patrimoine est égal aux capitaux propres. Il s'élève à 49 600 €. Sachant que le total des capitaux propres est égal à la somme de l'apport de départ et des résultats antérieurs, il est possible de déduire que l'entreprise a eu des résultats antérieurs positifs de 49 600 – 30 000 = 19 600 €.

→ L'entreprise s'est donc enrichie.

c. Opérations de N+1

Opérations courantes de N+1

Date		Débit	Crédit
01/01/N+1	215. Immobilisation	3 000	
	512. Trésorerie		3 000
01/03/N+1	512. Trésorerie	2 500	
	775. Produit des cessions d'éléments d'actif		2 500
	68. Dotation aux amortissements complémentaire	167	
	28. Amortissements		167
	675. Valeur comptable des éléments d'actif cédés	2 833	
	28. Amortissements	2 167	
	215. Valeur brute machine 1		5 000
N+1	601. Achats matières premières	10 000	
	512. Trésorerie		10 000
N+1	512. Trésorerie	30 000	
	701. Ventes produits finis		30 000
N+1	64. Personnel	5 000	
	512. Trésorerie		5 000

Pour la vente de la machine, il faut enregistrer le produit de la vente puis « sortir » la machine de la comptabilité de l'entreprise. Pour ce faire, il convient d'enregistrer dans les charges sa valeur nette comptable (compte 675), de débiter le compte 28 des amortissements et de créditer le compte 21 de la valeur brute. À noter qu'il faut auparavant enregistrer une dotation aux amortissements complémentaire pour janvier et février N+1, période pendant laquelle la machine s'est usée (1000 × 2/12=167).

L'entreprise accuse une perte de 333 € (2500 – 2833) sur la vente de cette machine.

Les deux dernières écritures (sortie de la machine des comptes de l'entreprise et dotation complémentaire aux amortissements) peuvent être différées et enregistrées avec les écritures d'inventaire.

Opérations d'inventaire au 31/12/N+1

Elles recouvrent ici les amortissements et les variations de stocks.

Amortissements	Débit	Crédit
68. Dotation amortissements bâtiment	2 000	
68. Dotation amortissements machine 2	1 400	
68. Dotation amortissements camionnette	600	
28. Amortissements		4 000

Les valeurs des dotations annuelles pour le bâtiment et la machine 2 ont été calculées précédemment (l'entreprise ne possède plus la machine 1). Il faut également amortir la camionnette (dotation annuelle = 3 000/5 = 600 €).

Variation des stocks	Débit	Crédit
31. Stock de matières premières	2 000	
6031. Variation de stocks de matières premières		2 000

Le stock de matières premières vaut 2 000 € à la fin de l'exercice alors que le stock initial était nul. Elle a donc moins consommé qu'acheté. Elle doit dès lors ajuster les charges à sa consommation réelle en enregistrant une charge négative.

d. Situation au 31 décembre N+1

Compte de résultat (période du 1er janvier N+1 au 31 décembre N+1)

Charges		Produits	
Achats	10 000	Ventes	30 000
Variations de stocks	– 2 000	Produit de cession de la machine	2 500
Personnel	5 000		
Dotations amortissements	4 167		
Valeur nette comptable machine	12 833		
Résultat (bénéfice)	**12 500**		

Dans les charges, il ne faut pas oublier les dotations aux amortissements (y compris la dotation complémentaire de la machine 1) et les variations de stocks de matières premières. En revanche, il ne faut pas inscrire l'achat de la camionnette car c'est une immobilisation.

Bilan au 31 décembre N+1

Actif				Passif	
Immobilisations				Capitaux propres	62 100
	VB	Amts	VNC	Apport initial	30 000
Terrain	60 000		60 000	Réserves	19 600
Bâtiment	40 000	16 000	24 000	Résultat de l'exercice	12 500
Machine 2	7 000	2 800	4 200	Dettes	50 000
Camionnette	3 000	600	2 400		
Total	110 000	19 400	90 600		
Stocks			2 000		
Trésorerie			19 500		
Total actif			**112 100**	**Total passif**	**112 100**

Capitaux propres

Les capitaux propres sont constitués de l'apport initial de 30 000 €, de la somme des résultats des années antérieures (les « réserves », capitaux totalement acquis pour l'entreprise) de 19 600 € et du résultat de l'année (12 500 €). La richesse de l'entreprise est ainsi de 62 100 € au 31 décembre N+1.

Immobilisations

Les valeurs brutes des immobilisations sont égales aux montants précédents auxquels il faut ajouter la valeur brute de la camionnette qui a été achetée pendant l'exercice (+ 3 000 €) et soustraire celle de la machine 1 qui a été vendue. De la même manière, les amortissements sont égaux à leur montant précédent auquel on ajoute les dotations de l'année (+ 4 167 €) et on retranche les amortissements de la machine 1 (2 000 + 167).

Trésorerie

Le montant de la trésorerie se calcule en considérant le montant au bilan précédent et en ajoutant les débits (et en soustrayant les crédits) du compte de trésorerie entre le 1er janvier N+1 et le 31 décembre N+1.

→ Trésorerie = 5 000 – 10 000 + 30 000 – 5 000 – 3 000 + 2 500 = 19 500 €

Vérification des calculs précédents

L'actif et le passif doivent s'équilibrer.

La trésorerie (+ 14 500) évolue différemment du résultat (+ 12 500), du fait des opérations suivantes :

- trois opérations du compte de résultat (qui affectent donc le résultat) mais qui n'impactent pas la trésorerie, à savoir la dotation aux amortissements de 4 167 €, la valeur nette comptable de la machine 1 de 2 833 € et la variation de stocks de – 2 000 € ;
- une opération qui n'est pas comptabilisée dans le compte de résultat mais qui impacte la trésorerie, à savoir l'achat de la camionnette pour 3 000 €.

Résultat (12 500) + 4 167 + 2 833 – 2 000 – 3 000 = 14 500 (trésorerie)

FICHE 8

Les opérations à crédit

1 Opérations au comptant et opérations à crédit

Les opérations dites « au comptant » se traduisent par un encaissement ou un décaissement immédiat.

Ce type d'opérations n'est pas le plus courant dans la vie des entreprises, la plupart étant en effet réalisées à crédit, les deux parties convenant d'un délai entre le moment de la vente (ou de l'achat) et le paiement.

Cette pratique ayant d'ailleurs conduit à certains abus dans le passé, la loi de modernisation de l'économie (loi LME), votée en 2008, plafonne désormais ces délais de paiement à 2 mois.

En comptabilité, deux opérations sont distinguées en cas d'opération à crédit : le **flux réel** de biens et le **flux monétaire**.

Tableau 8.1. Achats et ventes à crédit

Cas des achats à crédit	Cas des ventes à crédit
Le **flux réel** est constitué par **l'achat** et donne lieu non à une sortie de trésorerie mais à la naissance d'une **dette** (compte 401). Le **flux monétaire** est constitué par la liquidation (ou disparition) de la **dette**, c'est-à-dire par son paiement.	Le **flux réel** est constitué par la **vente** et donne lieu non pas à une entrée de trésorerie mais à la naissance d'une **créance** (compte 411). Le **flux monétaire** est constitué par la liquidation de la créance, c'est-à-dire par son encaissement.

Dans le cas d'une opération dite « au comptant » le flux réel et le flux monétaire sont simultanés, c'est pourquoi le « passage » par le compte de dette ou de créance est inutile.

2 Opérations à crédit et effets sur le résultat et les capitaux propres

Les opérations d'achat et de vente (flux réels) sont enregistrées au compte de résultat (sauf pour les achats d'immobilisations) et ont donc un impact sur les capitaux propres. En revanche, les opérations de liquidation (de dette ou de créance) n'ont aucun impact sur le résultat :

– quand une dette est liquidée, le compte de dette au passif est diminué (il est débité), comme le compte de trésorerie à l'actif (qui est crédité). C'est une **opération entre actif et compte de dette.**
– quand une créance est liquidée, le compte de créance à l'actif est diminué (il est crédité) et le compte de trésorerie (toujours à l'actif) est, quant à lui, augmenté (il est débité). C'est une **opération entre comptes d'actif.**

Figure 8.1. Opérations à crédit et impact sur le résultat

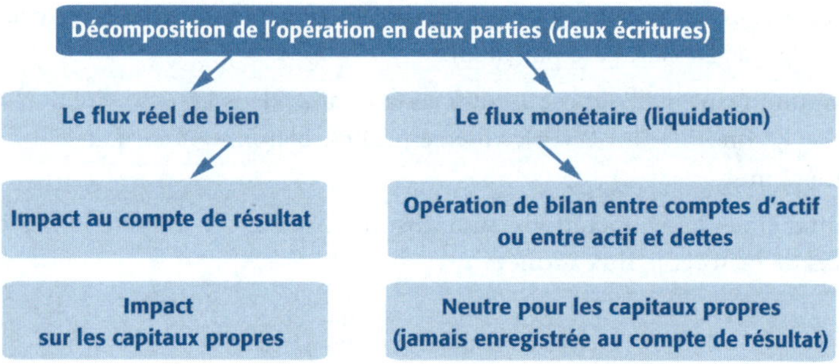

Cas 1 : l'entreprise de Nicolas réalise une vente à crédit de marchandises pour 1 000 €. La vente a lieu le 10 avril et le paiement est prévu un mois plus tard.

	Débit	Crédit
10 avril : réalisation de la vente		
411. Créance clients	1 000	
707. Vente marchandises		1 000
10 mai : paiement de la créance		
512. Trésorerie	1 000	
411. Créance clients		1 000

Cas 2 : l'entreprise de Nicolas réalise un achat à crédit de matières premières pour 2 000 €. L'achat a lieu le 12 avril et le paiement est prévu un mois plus tard.

	Débit	Crédit
12 avril : achat de matières premières		
601. Achat de matières premières	2 000	
401. Dette fournisseur		2 000
12 mai : paiement de la dette		
401. Dette fournisseur	2 000	
512. Trésorerie		2 000

APPLICATIONS

QCM

Choisissez, parmi les propositions suivantes, la ou les bonne(s) réponse(s).

8.1. Antoine achète des matières premières le 5 janvier. Son fournisseur lui fait crédit jusqu'au 5 février. Qu'en est-il de sa situation ?

○ **a.** Au 5 janvier, la trésorerie n'est pas modifiée.

○ **b.** Au 5 février, le compte de résultat n'est pas modifié.

○ **c.** Au 5 janvier, le compte de créance est augmenté.

8.2. Le 5 février, Antoine paie les matières premières qu'il avait achetées le 5 janvier. Comment la situation évolue-t-elle ?

○ **a.** Le 5 février, la trésorerie augmente.

○ **b.** Le 5 février, la trésorerie diminue.

○ **c.** Le 5 février, la trésorerie n'est pas modifiée.

8.3. Antoine emprunte auprès de sa banque 100 000 € le 20 janvier pour acheter un local de 100 000 € le 25 janvier. Comment cette opération se traduit-elle ?

○ **a.** Au 20 janvier, la trésorerie n'est pas modifiée.

○ **b.** Au 20 janvier, le compte de résultat n'est pas modifié.

○ **c.** Au 20 janvier, le compte de dette est augmenté.

○ **d.** Au 25 janvier, le compte de dette est diminué.

8.4. Antoine fabrique des machines. Il en vend une à crédit à un client. Tant que le client ne paye pas :

○ **a.** l'opération n'enrichit pas Antoine.

○ **b.** la trésorerie d'Antoine n'augmente pas.

○ **c.** le client d'Antoine ne s'appauvrit pas.

8.5. Quand le client d'Antoine aura payé, Antoine verra :

- ○ a. son résultat augmenter.
- ○ b. sa trésorerie augmenter.
- ○ c. le total de son actif augmenter.

8.6. Si Antoine paye une de ses dettes :

- ○ a. son passif diminue.
- ○ b. ses capitaux propres diminuent.
- ○ c. sa trésorerie diminue.
- ○ d. son actif diminue.

8.7. Antoine achète un ordinateur pour 1 000 € à crédit et vend des produits pour 2 000 € à l'un de ses clients à crédit également. Quelle(s) est (sont) la (les) conséquences(s) de cette opération ?

- ○ a. Son résultat augmente de 1 000 €.
- ○ b. Son résultat augmente de 2 000 €.
- ○ c. Sa trésorerie augmente de 1 000 €.
- ○ d. Sa trésorerie augmente de 2 000 €.

Exercice 8.1. Enregistrer des opérations au comptant

Une entreprise comptabilise les factures d'achat et les ventes suivantes :

- le 3 septembre : vente de marchandises pour 1 000 € ;
- le 5 septembre : achat de matières premières pour 5 000 € ;
- le 15 septembre : vente de produits finis pour 12 000 € ;
- le 3 octobre : achat d'une machine pour 10 000 €.

a. Les achats indiqués doivent-ils être comptabilisés en charges ou en immobilisations ?

b. Procéder à l'enregistrement de ces opérations au journal.

Exercice 8.2. Enregistrer des opérations à crédit

Une entreprise reçoit le 15 avril la facture suivante de son fournisseur : achat de matières premières pour 2 500 €, règlement prévu le 15 mai.

Elle a aussi réalisé les ventes suivantes au mois d'avril :

- le 3 : vente à crédit de marchandises diverses pour 1 400 €, règlement prévu le 30 avril ;
- le 20 : vente de marchandises à crédit pour 1 000 €, règlement prévu sous huitaine.

Procéder à l'enregistrement de ces opérations au journal.

Exercice 8.3. Étudier l'impact des opérations à crédit sur le compte de résultat et le bilan

Une entreprise est créée le 1er janvier par apport personnel du dirigeant propriétaire (100 000 €). Le propriétaire contracte un emprunt ce même jour pour 60 000 €. Il achète également un local (90 000 €) et une machine (10 000 €), le tout au comptant.

Le début de l'exploitation est marqué par les opérations suivantes :

- achat au comptant de matières premières le 6 janvier : 10 000 € ;
- achat à crédit de marchandises le 7 janvier : 25 000 € (paiement prévu en février) ;
- ventes de produits finis à crédit le 25 janvier : 30 000 € (paiement prévu en février) ;
- rémunération du personnel le 27 janvier : 3 500 €.

a. Enregistrer les opérations du mois de janvier et établir le bilan au 1er janvier au soir ainsi que le compte de résultat et le bilan au 31 janvier

b. Comparer le résultat et l'évolution de la trésorerie.

CORRIGÉS

QCM

8.1. ✓a. ✓b. L'opération d'achat (flux réel) a lieu le 5 janvier et l'opération de liquidation le 5 février. C'est l'opération du 5 janvier qui impacte le compte de résultat et celle du 5 février qui fait diminuer la trésorerie. L'opération de liquidation (ici, le paiement de la dette et non d'une créance), en date du 5 février, est une opération de bilan qui n'appauvrit pas l'entreprise.

8.2. ✓b. Au moment de la liquidation (du paiement de la dette), la trésorerie diminue (elle est créditée) pour payer la dette (qui est débitée).

8.3. ✓b. ✓c. L'emprunt du 20 janvier augmente le compte de dette et la trésorerie. C'est une opération qui n'apparaît qu'au bilan. Le 25 janvier, le compte de trésorerie est diminué pour acheter le local (débit du compte d'immobilisation). Il s'agit là encore d'une opération de bilan, neutre pour le compte de résultat.

8.4. ✓b. L'opération de vente enrichit Antoine et appauvrit son client, même s'il n'y a pas encore paiement. En revanche, les trésoreries d'Antoine et de son client ne sont pas modifiées tant qu'il n'y a pas eu paiement effectif.

8.5. ✓b. Quand le client d'Antoine aura payé, sa trésorerie augmentera et son compte de créance diminuera. L'opération est neutre pour le total de l'actif. Elle n'a pas non plus d'impact au compte de résultat.

8.6. ✓a. ✓c. ✓d. Si Antoine paye une de ses dettes, son compte de dette (au passif) diminue. Sa trésorerie (à l'actif) diminue également. L'opération fait donc diminuer le total de l'actif et le total du passif. Elle n'a en revanche aucun impact sur le compte de résultat.

8.7. ✓b. Les deux opérations se font à crédit ; la trésorerie n'est donc pas affectée. Un ordinateur est une immobilisation : son achat n'appauvrit pas Antoine. En revanche, la vente de produits finis l'enrichit : le résultat augmente donc de 2 000 €.

Exercice 8.1. Enregistrer des opérations au comptant

a. Qualification des achats

Seul l'achat de la machine le 3 octobre correspond à un achat d'immobilisation. L'achat du 5 septembre constitue une charge qui appauvrit l'entreprise.

b. Enregistrement au journal

		Débit	Crédit
03/09	512. Trésorerie 707. Vente de marchandises	1 000	 1 000
05/09	601. Achat de matières premières 512. Trésorerie	5 000	 5 000
15/09	512. Trésorerie 701. Vente de produits finis	12 000	 12 000
03/10	215. Machine 512. Trésorerie	10 000	 10 000

Exercice 8.2. Enregistrer des opérations à crédit

L'enregistrement au journal se fait par ordre chronologique.

		Débit	Crédit
03/04	411. Créance client 707. Vente de marchandises	1 400	 1 400
15/04	601. Achat de matières premières 401. Dette fournisseur	2 500	 2 500
20/04	411. Créance client 707. Vente de marchandises	1 000	 1 000
28/04	512. Trésorerie 411. Créance client	1 000	 1 000
30/04	512. Trésorerie 411. Créance client	1 400	 1 400
15/05	401. Dette 512. Trésorerie	2 500	 2 500

Exercice 8.3. Étudier l'impact des opérations à crédit sur le compte de résultat et le bilan

a. Enregistrement des opérations et présentation des comptes

Au journal (opérations du mois de janvier)

		Débit	Crédit
01/01	512. Trésorerie	100 000	
	10. Capital social		100 000
01/01	512. Trésorerie	60 000	
	16. Emprunt		60 000
01/01	213. Immobilisation : local	90 000	
	215. Immobilisation : machine	10 000	
	512. Trésorerie		100 000
06/01	601. Achat de matières premières	10 000	
	512. Trésorerie		10 000
07/01	607. Achat de marchandises	25 000	
	401. Dette fournisseur		25 000
25/01	411. Créance client	30 000	
	701. Vente de produits finis		30 000
27/01	641. Charges de personnel	3 500	
	512. Trésorerie		3 500

Bilan au 01/01 au soir

Actif		Passif	
Immobilisations	100 000	Capitaux propres	100 000
Trésorerie	60 000	Emprunt	60 000
Total actif	160 000	Total passif	160 000

Pour trouver le montant de la trésorerie, il faut additionner les débits du compte de trésorerie et soustraire les crédits du compte de trésorerie : 100 000 + 60 000 – 10 000 – 90 000 = 60 000 €.

Compte de résultat : période du 01/01 au 31/01

Charges		Produits	
Achat de matières premières	10 000	Ventes produits finis	30 000
Achat de marchandises	25 000		
Rémunération personnel	3 500		
		Résultat (perte)	8 500

Les opérations d'achat (sauf d'immobilisations) et de vente, qu'elles soient au comptant ou à crédit, apparaissent au compte de résultat.

Bilan au 31/01

Actif		Passif	
Immobilisations	100 000	Capitaux propres	91 500
Créance	30 000	Apport initial	100 000
Trésorerie	46 500	Résultat	– 8 500
		Emprunt	60 000
		Dette fournisseur	25 000
Total actif	176 500	Total passif	176 500

b. Comparaison du résultat et de la variation de la trésorerie

Pour trouver le montant de la trésorerie, il faut partir de la trésorerie précédente (60 000 €) et additionner les débits du compte de trésorerie et soustraire les crédits du compte de trésorerie : 60 000 – 10 000 – 3 500 = 46 500 €.

La variation de la trésorerie (– 13 500 €) est différente du résultat (– 8 500 €) du fait des opérations à crédit.

Quand l'entreprise paiera sa dette, la trésorerie diminuera de 25 000 € et quand le client paiera, la trésorerie augmentera de 30 000 : 46 500 – 25 000 + 30 000 = 49 500 €. La variation par rapport à la trésorerie de départ sera alors égale à 49 500 – 60 000 = – 8 500 € (le montant du résultat).

→ La différence entre le résultat et la variation de la trésorerie est simplement due aux décalages de paiement dans le temps.

FICHE 9 La TVA

1 Qu'est-ce que la TVA ?

La TVA est un **impôt indirect** qui frappe toutes les transactions d'achats et ventes réalisées par les entreprises et présente de nombreux avantages pour l'État :

- il est très **rentable** (près de 137 milliards d'euros prévus pour 2012). Toutes les transactions sont en effet affectées à un taux non négligeable (19,6 % en France métropolitaine) même si certains biens bénéficient de taux réduits (7 % comme dans la restauration ou les livres, 5,5 % pour les biens de première nécessité comme l'alimentaire), voire super-réduits (2,1 % pour les médicaments et la presse, par exemple) ;
- il est quasiment **indolore** car les prix apparaissent toutes taxes comprises (TTC) pour le consommateur final ;
- il est **neutre pour les entreprises** car c'est le consommateur final qui en supporte intégralement la charge ;
- il induit un **très faible coût de collecte**. Ce sont en effet les entreprises qui collectent l'impôt au nom de l'État et qui le lui reversent chaque mois.

2 La TVA, un impôt neutre pour les entreprises

Les entreprises jouent un rôle d'**intermédiaire**. La TVA n'est donc pas une charge, elle n'est jamais enregistrée au compte de résultat où seuls les prix hors taxes sont inscrits. Les entreprises **collectent** (encaissent) la TVA sur leurs ventes, la TVA étant incluse dans le prix TTC facturé au client, qu'il soit particulier ou professionnel. Cette TVA **collectée** est due à l'État.

Les entreprises payent également la TVA sur leurs achats, mais elles se font rembourser ces sommes auprès de l'État en récupérant la TVA incluse dans le prix facturé par le fournisseur. La TVA payée est donc **déductible**.

À la fin de chaque mois (ou de chaque trimestre pour les petites entreprises), l'entreprise calcule la différence entre ce qu'elle doit au titre de la TVA collectée et ce qu'elle peut demander au titre de la TVA déductible et elle ne verse que la différence à l'État (TVA « à payer »).

Exemple : une entreprise achète des matières premières pour 1 000 € hors taxes (HT) et vend des produits finis pour 2 500 € HT. Le fournisseur de matières premières facture ses matières à 1 196 € TTC. L'entreprise décaisse donc 1 196 €. Elle facture, de son côté, ses produits finis 2 990 € TTC à ses clients. Elle encaisse donc 2 990 €. La TVA collectée est donc de 490 € et la TVA déductible de 196 €. La TVA à payer s'élève donc à 294 €. La variation de la trésorerie pour l'entreprise est donc de 2 990 – 1 196 – 294 = 1 500 €, soit la différence des prix HT.

→ La TVA est bien neutre pour l'entreprise. Au compte de résultat, on inscrira 1 000 € en charges et 2 500 € en produits, soit les montants hors taxes.

3 La comptabilisation de la TVA

La neutralité de la TVA sur le résultat a deux conséquences principales :

- quand une entreprise achète un bien, elle inscrit en **charges** le montant HT et la TVA (déductible) en **créance** sur l'État ;
- quand elle vend un bien, elle enregistre le montant HT du bien **en produits** et le montant de la TVA (collectée) **en dette** envers l'État.

À la fin de chaque mois, l'entreprise **solde** ses comptes de dette et de créance envers l'État en s'acquittant de la différence : « la TVA à payer ».

Si le montant de la TVA déductible est supérieur à celui de la TVA collectée, l'entreprise peut **récupérer** sa créance nette de TVA auprès de l'État. En pratique, elle reportera ce solde sur le mois suivant (compte 44 567 crédit de TVA à reporter).

Pour les ventes de biens, la TVA est exigible au moment où le bien est délivré (à la facturation en pratique) et donc potentiellement avant le règlement effectif si celui-ci est effectué à crédit. Le transfert de propriété du bien constitue en effet **le fait générateur de la TVA**.

Pour les prestations de services, la TVA est en revanche exigible au moment de l'encaissement (sauf mention « TVA sur les débits », auquel cas c'est la date de facturation qui est retenue).

Exemple : on enregistre les opérations précédentes au journal.

	Débit	Crédit
Achat de matières premières		
601. Achat de matières premières	1 000	
44566. TVA déductible	196	
512. Trésorerie		1 196
Vente de produits finis		
512. Trésorerie	2 990	
701. Vente de produits finis		2 500
44571. TVA collectée		490
Détermination de la TVA à payer		
44571. TVA collectée	490	
44566. TVA déductible		196
44551. TVA à payer		294
Paiement de la TVA à payer		
44551. TVA à payer	294	
512. Trésorerie		294

FICHE 9

4 La TVA et les opérations à l'international

L'exigibilité et les modalités de paiement de la TVA diffèrent quand l'entreprise réalise ses achats et ventes à l'international.

A. Au sein de l'Union européenne

Les ventes réalisées au sein de l'Union européenne (livraisons intracommunautaires) sont **exonérées de TVA**.

Les achats réalisés au sein de l'Union européenne (acquisitions intracommunautaires) sont **assujettis à la TVA** dans le pays d'arrivée. L'acheteur doit acquitter la TVA directement auprès de l'administration fiscale de son pays (et non auprès du vendeur). Il peut la déduire ensuite comme pour tout autre achat.

B. En dehors de l'Union européenne

Les **exportations** sont exonérées de TVA.

Les **importations** sont assujetties à la TVA au passage à la frontière. L'acheteur doit s'en acquitter auprès de l'administration des douanes et peut ensuite la déduire comme pour tout autre achat.

APPLICATIONS

QCM

Choisissez, parmi les propositions suivantes, la ou les bonne(s) réponse(s).

9.1. Alexis achète des biens taxés à 19,6 %. Le taux de TVA passe ensuite à 20,6 %. Quelle est la conséquence pour ses charges ?

- ○ **a.** Elles augmentent.
- ○ **b.** Elles diminuent.
- ○ **c.** Elles ne sont pas modifiées.

9.2. Quand Alexis acquitte la TVA auprès de l'État :

- ○ **a.** son compte de trésorerie diminue.
- ○ **b.** son compte de dette diminue.
- ○ **c.** le total de son actif n'est pas modifié.

9.3. Si Alexis vend un bien pour 40 € TTC :

- ○ **a.** il encaisse 40 €.
- ○ **b.** il encaisse moins de 40 € du fait de la TVA.
- ○ **c.** il détient une créance de TVA sur son client.

9.4. Alexis vend certains de ses produits en Italie. Qu'en est-il de la TVA ?

- ○ **a.** Il doit faire payer la TVA à ses clients italiens.
- ○ **b.** Il doit payer la TVA au nom de ses clients italiens.
- ○ **c.** Il va se faire rembourser la TVA sur ses clients italiens.
- ○ **d.** Il n'a pas de TVA à payer.

9.5. Si le montant de la TVA sur ses ventes est plus important que le montant de la TVA sur ses achats, Alexis a :

- ○ **a.** une dette nette de TVA envers l'État.
- ○ **b.** une créance nette de TVA envers l'État.

Exercice 9.1. Enregistrer la TVA

Sauf mention contraire, le taux de TVA est de 19,6 % et la TVA doit être acquittée le 15 du mois suivant.

Opérations au comptant

Une entreprise comptabilise les factures d'achats et les ventes suivantes :

- le 3 septembre : vente de marchandises pour 1 000 € HT ;
- le 5 septembre : achat de matières premières pour 5 000 € HT (taux TVA de 7%) ;
- le 15 septembre : vente de produits finis pour 12 000 € HT ;
- le 3 octobre : achat d'une machine pour 10 000 € HT ;

a. Procéder à l'enregistrement de ces opérations au journal.

Opérations à crédit

Une entreprise reçoit le 15 avril la facture suivante de son fournisseur : achat de matières premières pour 2 500 € HT (taux de TVA de 7 %), règlement prévu le 15 mai.

Elle a aussi réalisé les ventes suivantes au mois d'avril :

- le 3 avril : vente à crédit de marchandises diverses pour 1 400 € HT, règlement prévu le 30 avril ;
- le 20 avril : vente de marchandises à crédit pour 1 000 € HT, règlement prévu sous huitaine.

b. Procéder à l'enregistrement de ces opérations au journal.

Exercice 9.2. Déterminer l'impact de la TVA sur les comptes

Sauf mention contraire, le taux de TVA est de 19,6 % et la TVA doit être acquittée le 15 du mois suivant.

Une entreprise est créée le 1er janvier par apport personnel du dirigeant propriétaire (100 000 €). Le propriétaire contracte un emprunt ce même jour pour 60 000 €. Il achète également un local (90 000 €) et une machine (10 000 €), le tout au comptant.

NB : on considère, pour simplifier, qu'il n'y a pas de TVA sur le local et la machine.

L'exploitation commence par les opérations suivantes :

- achat au comptant de matières premières le 6 janvier : 10 000 € HT (taux TVA : 7%) ;
- achat à crédit de marchandises le 7 janvier : 25 000 € HT (paiement prévu en février) ;
- vente de produits finis à crédit le 25 janvier : 30 000 € HT (paiement prévu en février) ;
- rémunération du personnel le 27 janvier : 3 500 €.

a. Enregistrer les opérations du mois de janvier et établir le bilan au 1er janvier au soir, ainsi que le bilan et le compte de résultat au 31 janvier.

b. Comparer le résultat et l'évolution de la trésorerie.

Exercice 9.3. Comprendre l'impact de la baisse du taux de TVA

En 2009, le gouvernement a baissé le taux de TVA dans la restauration en échange d'engagements de la part des professionnels du secteur.

> Après sept années de négociation auprès de la Commission européenne, le président de la République, Nicolas Sarkozy a finalement obtenu la mise en place pour le secteur d'une TVA à taux réduit (5,5 %, hors boissons alcoolisées) à compter du 1er juillet 2009.
>
> En contrepartie de cette baisse, Christine Lagarde, ministre de l'Économie, de l'industrie et de l'emploi, et Hervé Novelli, secrétaire d'État chargé du Commerce, de l'artisanat, des petites et moyennes entreprises, du tourisme

et des services ont demandé aux professionnels de la restauration de s'engager dans le cadre d'un « contrat d'avenir », signé le 28 avril 2009. Grâce à ce contrat, la baisse de la TVA bénéficiera véritablement à tous les acteurs du monde de la restauration :

- aux consommateurs, grâce la répercussion de la baisse de la TVA sur les prix ;
- aux salariés, avec la création de 40 000 emplois en deux ans et l'amélioration de la situation des salariés ;
- aux restaurateurs eux-mêmes à travers une augmentation de leur capacité d'investissements pour accompagner l'effort de modernisation de la restauration.

L'État s'assurera du respect des engagements. Un comité de suivi composé des signataires du contrat et de personnalités qualifiées sera mis en place pour s'assurer de la bonne mise en œuvre du contrat d'avenir. Chaque semestre, ce comité de suivi rendra publics les indicateurs inscrits dans les dispositions du contrat d'avenir en matière de baisse de prix, de création d'emploi, d'amélioration de la situation des salariés et de modernisation du secteur.

www.pme.gouv.fr

Analyser les conséquences sur les comptes (compte de résultat et bilan) d'une telle mesure pour un restaurant.

CORRIGÉS

QCM

9.1. ✓ **c.** La TVA n'est pas enregistrée au compte de résultat. Si le taux de TVA augmente mais que le prix HT ne change pas, les charges ne sont pas modifiées.

9.2. ✓ **a.** ✓ **b.** Si Alexis acquitte la TVA auprès de l'État, c'est que la TVA qu'il a collectée sur ses ventes est supérieure à la TVA qu'il a payée sur ses achats. Il a donc une dette de TVA envers l'État. Acquitter la somme fait diminuer ses dettes ainsi que la trésorerie (le total de l'actif est donc plus faible).

9.3. ✓ **a.** Alexis collecte la TVA au nom de ses clients sur ses ventes. Il encaisse donc 40 €, même si ses produits sont plus faibles (montant HT). La TVA collectée doit être reversée à l'État (c'est une dette).

9.4. ✓ **d.** Les livraisons intracommunautaires sont exonérées de TVA.

9.5. ✓ **a.** Alexis collecte la TVA sur ses ventes et déduit la TVA sur ses achats. Si la TVA sur ses ventes est plus élevée que la TVA sur ses achats, il a une dette envers l'État.

Exercice 9.1. Enregistrer la TVA

a. Opérations au comptant

Au journal

		Débit	Crédit
03/09	512. Trésorerie	1 196	
	706. Vente de marchandises		1 000
	44571. TVA collectée		196
	1 000 × 0,196 = 196		
05/09	601. Achat de matières premières	5 000	
	44566. TVA déductible	350	
	512. Trésorerie		5 350
	5 000 × 0,07 = 350		
15/09	512. Trésorerie	14 352	
	701. Ventes de produits finis		12 000
	44571. TVA collectée		2 352
	12 000 × 0,196 = 2 352		
30/09	44571. TVA collectée	2 548	
	44566. TVA déductible		350
	44551. TVA à payer		2 198
03/10	215. Immobilisation : machine	10 000	
	44562. TVA déductible sur immobilisation	1 960	
	512. Trésorerie		11 960
	10 000 × 0,196 = 1 960		
15/10	44551. TVA à payer	2 198	
	512. Trésorerie		2 198
30/10	44567. Crédit TVA à reporter	1 960	
	44562. TVA déductible		1 960

Le solde de TVA se calcule en fin de mois (30 septembre et 30 octobre). La TVA à payer auprès de l'État est obtenue par différence entre ce qui est collecté et ce qui est déductible. Si c'est une dette, celle-ci doit être réglée le 15 du mois suivant ; si c'est un crédit, il faut reporter celui-ci au mois suivant (le solde à fin octobre est reporté en novembre).

b. Opérations à crédit

Au journal (ordre chronologique)

		Débit	Crédit
03/04	411. Créance client	1 674,4	
	706. Vente de marchandises		1 400
	44571. TVA collectée		274,4

15/04	601. Achat de matières premières 44566. TVA déductible 401. Dette fournisseur	2 500 175	 2 675
20/04	411. Créance client 706. Vente de marchandises 44571. TVA collectée	1 196	 1 000 196
28/04	512. Trésorerie 411. Créance client	1 196	 1 196
30/04	512. Trésorerie 411. Créance client	1 674,4	 1 674,4
30/04	44571. TVA collectée 44566. TVA déductible 44551. TVA à payer	470,4	 175 295,4
15/05	45551. TVA à payer 512. Trésorerie	295,4	 295,4
15/05	401. Dette 512. Trésorerie	2 675	 2 675

Exercice 9.2. Déterminer l'impact de la TVA sur les comptes

a. Enregistrement et comptabilisation des opérations

Au journal (en janvier)

		Débit	Crédit
01/01	512. Trésorerie 10. Capital social	100 000	 100 000
01/01	512. Trésorerie 16. Emprunt	60 000	 60 000
01/01	213. Immobilisation : local 215. Immobilisation : machine 512. Trésorerie	90 000 10 000	 100 000
06/01	601. Achat de matières premières 44566. TVA déductible 512. Trésorerie	10 000 700	 10 700
07/01	607. Achat de marchandises 44566. TVA déductible 401. Dette fournisseur	25 000 4 900	 29 900
25/01	411. Créance client 701. Vente de produits finis 44571. TVA collectée	35 880	 30 000 5 880

27/01	641. Charges de personnel 512. Trésorerie	3 500	 3 500
30/01	44571. TVA collectée 44566. TVA déductible 44551. TVA à payer	5 880	 5 600 280

Bilan au 1er janvier au soir

Actif		Passif	
Immobilisations (local + machine)	100 000	Capitaux propres	100 000
Trésorerie	60 000	Emprunt	60 000
Total actif	160 000	Total passif	160 000

Compte de résultat : période du 01/01 au 31/01

Charges		Produits	
Achat de matières premières	10 000	Vente de produits finis	30 000
Achat de marchandises	25 000		
Rémunération du personnel	3 500		
		Résultat (perte) : 8 500	

→ Au compte de résultat, ce sont les montants HT qui sont inscrits.

Bilan au 31 janvier

Actif		Passif	
Immobilisations (local + machine)	100 000	Capitaux propres	91 500
Créance	35 880	Apport initial	100 000
Trésorerie	45 800	Résultat	– 8 500
		Emprunt	60 000
		Dette fournisseur	29 900
		Dette de TVA	280
Total actif	181 680	Total passif	181 680

b. Comparaison du résultat et de l'évolution de la trésorerie

Pour calculer le montant de la trésorerie, il faut partir de la trésorerie précédente (60 000 €), additionner les débits du compte de trésorerie et soustraire les crédits du compte de trésorerie : 60 000 – 10 700 – 3 500 = **45 800 €**. Il faut noter que les montants décaissés ou encaissés incluent la TVA (comme les créances et les dettes qui sont exprimées toutes taxes comprises).

La variation de la trésorerie est de – 14 200 € (45 800 € – 60 000 €) alors que le résultat est une perte de 8500 €. La différence entre les deux s'explique par la créance client qui va augmenter la trésorerie quand elle sera payée et par les deux dettes (fournisseur et de TVA) qui la diminueront : –14 200 + 35 880 – 29 900 – 280 = – 8 500 €.

Exercice 9.3. Comprendre l'impact de la baisse du taux de TVA

L'impact d'un changement de taux de la TVA est normalement neutre pour une entreprise, la TVA étant supportée par le consommateur.

Ce raisonnement n'est cependant valable que si l'entreprise ne modifie pas ses prix HT. Dans le cas contraire, ses produits (qui sont comptabilisés HT) seront modifiés et ainsi son résultat.

La baisse de la TVA dans la restauration avait trois objectifs :

– la baisse des prix pour les consommateurs : si la TVA baisse sans modification des prix HT, le consommateur y gagne ;

– l'amélioration des salaires et des conditions de travail des salariés : ces mesures passent par une augmentation des charges compensées par une augmentation des prix HT. L'effet est nul sur le résultat ;

– l'augmentation de la capacité d'investissement des entrepreneurs : il s'agit ici d'augmenter le résultat car une entreprise finance une partie de ses investissements grâce aux fonds propres issus de ses bénéfices. Pour augmenter le résultat, l'entreprise doit augmenter ses prix HT.

Au final, l'impact n'est pas nul sur les comptes des restaurateurs. Les prix hors taxes étant partiellement revus à la hausse, la baisse de prix pour les consommateurs est partielle. Les produits vont augmenter et, avec eux, le résultat et les capitaux propres au bilan. En revanche, les comptes de dette de TVA au bilan seront plus faibles.

FICHE 10

Les frais accessoires d'achat et les réductions de prix

1 Les frais accessoires d'achat

Les opérations d'achats et ventes peuvent donner lieu à des **frais accessoires** (par exemple transport, primes d'assurance, commissions) qu'il est possible de comptabiliser de trois manières :

- **intégration directe** au prix d'achat : ils n'apparaissent alors pas de façon distincte dans les comptes ;
- utilisation des **comptes de charges par nature** correspondants ;
- utilisation du **compte 608** (et ses subdivisions), spécifiquement dédié aux frais accessoires.

Exemple : une entreprise achète pour 1 000 € HT de marchandises. Les frais de transport liés à cet achat sont de 200 € HT. Le montant total de la facture est de 1 200 € HT, soit 1 435,20 € TTC (235,20 € de TVA).

Première méthode : l'intégration dans le compte d'achat

	Débit	Crédit
607. Achat de marchandises	1 200	
44566. TVA déductible	235,2	
512. Trésorerie		1 435,2

Deuxième méthode : l'enregistrement dans un compte de charges par nature

	Débit	Crédit
607. Achat de marchandises	1 000	
624. Frais de transport	200	
44566. TVA déductible	235,2	
512. Trésorerie		1 435,2

Troisième méthode : l'enregistrement dans le compte 608

	Débit	Crédit
607. Achat de marchandises	1 000	
608724. Frais de transport sur achat de marchandises	200	
44566. TVA déductible	235,2	
512. Trésorerie		1 435,2

Dans le numéro du compte utilisé (608724), 608 correspond aux frais accessoires, la subdivision 7 aux marchandises et la subdivision 24 aux frais de transport (comme dans le compte 624).

FICHE 10

2 Les réductions de prix

A. Les différentes réductions

Les relations entre clients et fournisseurs donnent lieu régulièrement à l'octroi de réductions qui sont classées en deux catégories :

- les **réductions commerciales** (dites « RRR ») parmi lesquelles il faut distinguer les **remises** accordées en raison de l'importance d'un client, les **rabais** consentis en raison de la nature du produit vendu (comme des produits de moins bonne qualité) et les **ristournes** octroyées en fin de période, par exemple en fonction du montant du chiffre d'affaires réalisé ;
- les **réductions financières** (« **escomptes** ») qui sont accordées en fonction de la date du règlement.

Si plusieurs types de réductions sont accordés, le calcul se fait **en cascade**, le taux de réduction étant appliqué au montant net précédent.

Exemple : une entreprise achète des marchandises aux conditions suivantes : montant brut HT de 1 000 €, remise de 10 % et rabais de 5 %. Le montant de la remise est de 100 € (10 % de 1 000 €) et celui du rabais de 45 € (5 % de 900). Le montant du rabais est appliqué au net précédent, soit 900 € (1 000 – 100). On obtient ainsi un **net commercial** (prix brut moins réductions commerciales) de 855 € HT.

Les réductions peuvent être « **portées (mentionnées) sur facture** » (quand elles sont décidées dès l'opération de vente) ou **après la facture**, sur une **facture d'avoir** (c'est souvent le cas des rabais et des ristournes).

B. La comptabilisation des réductions sur facture

Figure 10.1. La comptabilisation des réductions sur facture

Réductions commerciales sur facture	→	**Comptabilisation dans le net commercial** (Prix brut – Réductions commerciales)
Réductions financières sur facture	→	**Comptabilisation distincte**

Sur facture, seuls les **escomptes** sont **enregistrés distinctement** : compte 765 chez le client (escompte obtenu) et 665 chez le fournisseur (escompte accordé).

Exemple 1 : dans l'exemple précédent, seul le net commercial est identifiable car la réduction est sur facture. La réduction commerciale n'apparaît donc pas de façon distincte dans la comptabilité (du fournisseur et du client). La TVA est calculée sur le net commercial.

Chez le client	Débit	Crédit
607. Achat de marchandises	855	
44566. TVA déductible	167,6	
401. Dette		1 022,6

Exemple 2 : si les deux parties ont également convenu d'un escompte au moment de la facture, il faut en revanche l'enregistrer de façon distincte. Supposons qu'il est prévu un escompte de 5 % car le client accepte de payer immédiatement. L'escompte est calculé sur le net commercial : 5 % × 855 = 42,80 €. Il faut ajuster le montant de la TVA [0,196 × (855 – 42,80) = 159,20 €].

Chez le client	Débit	Crédit
607. Achat de marchandises	855	
765. Escompte obtenu		42,8
44566. TVA déductible	159,2	
512. Trésorerie		971,4

Chez le fournisseur	Débit	Crédit
512. Trésorerie	971,4	
707. Vente de marchandises		855
665. Escompte accordé	42,8	
44571. TVA collectée		159,2

C. La comptabilisation des réductions après facture (facture d'avoir)

Figure 10.2. La comptabilisation des réductions après facture

Réductions commerciales après facture → **Comptabilisation distincte**

Réductions financières après facture → **Comptabilisation distincte**

Hors facture, les remises commerciales doivent être enregistrées distinctement, comme les escomptes :

- un fournisseur peut, par exemple, **accorder un rabais** pour cause de qualité insuffisante des produits vendus. Ce rabais est comptabilisé comme une **charge négative** pour le client (compte 6097 – RRR (rabais, remises, ristournes) obtenus) et comme un **produit négatif** pour le fournisseur (compte 7097 – RRR accordés) ;
- un client peut également **retourner** des marchandises pour être remboursé. Il **contrepasse** alors les écritures d'achat dans ses comptes (c'est-à-dire qu'il les annule) en débitant les comptes qu'il a précédemment crédités et en créditant ceux qu'il a débités.

Exemple : l'entreprise, non satisfaite de la qualité des produits fournis par son fournisseur, négocie avec lui l'avoir suivant (retour de 20 % des marchandises et rabais supplémentaire de 10 % sur les marchandises conservées). Il est supposé qu'on se situe dans la situation sans escompte.

Le retour de marchandises, calculé sur le net commercial de 855 €, s'élève à 171 €. Le rabais supplémentaire porte sur les 80 % restants et se monte à : 10 % × (855 – 171) = 68,40 €. Il est enregistré au crédit du compte 6097. La TVA déductible doit être ajustée pour tenir compte de ces changements, la créance de TVA sur l'État étant moins élevée, le compte doit être crédité [(171 + 68,40) × 0,196 = 46,90 €].

Chez le client	Débit	Crédit
607. Achat de marchandises		171
6097. RRR obtenus		68,4
44566. TVA déductible		46,9
401. Dette fournisseur	286,3	

Chez le fournisseur	Débit	Crédit
707. Vente de marchandises	171	
7097. RRR accordés	68,4	
44571. TVA collectée	46,9	
411. Créance client		286,3

Attention

Les comptes de RRR obtenus/accordés et escomptes obtenus/accordés fonctionnent en sens inverse :
– le compte de RRR obtenu (6097) est un compte de charges négatif alors que celui d'escompte obtenu (765) est un compte de produits ;
– le compte de RRR accordés (7097) est un compte de produits négatif alors que celui d'escompte accordé (665) est un compte de charges.

FICHE 10

D. Présentation de la facture de doit et de la facture d'avoir

Figure 10.3. La facture (ou « facture de doit »)

M. A. livre des marchandises à M. B. le 20 septembre pour 9 000 € (facture n° 13 125, règlement sous huitaine).

M. A. ◄— **le fournisseur**
Doit
M. B. ◄— **le client**
Facture n° 13 102 du 15/09
--
Net à payer : 9 000 €

Figure 10.4 L'avoir (ou facture d'avoir)

L'avoir est établi lors d'un remboursement au client (retour de biens ou réduction commerciale).

M. A. accorde un avoir de 400 € à M. B. le 20 septembre (facture d'avoir n° 222).

M. A. ◄— **le fournisseur**
Avoir
M. B. ◄— **le client**
Avoir n° 222 du 20/09
--
Net à votre crédit : 400 €

APPLICATIONS

QCM

Choisissez, parmi les propositions suivantes, la ou les bonne(s) réponse(s).

10.1. Sur la facture suivante, on peut identifier que :

- ○ **a.** David est le fournisseur.
- ○ **b.** David est le client.

M. David **Doit** M. Nicolas Facture du 15/10 Montant HT : 1 000 € TVA : 196 €. Net à payer : 1 196 €

10.2. David achète un bien 1 000 € HT et négocie une remise de 5 % et un escompte financier de 3 %.

- ○ **a.** Il doit débourser 1 102 €.
- ○ **b.** Il doit débourser 921,50 €.
- ○ **c.** Il doit débourser 1 100 €.
- ○ **d.** Il doit débourser 980 €.

10.3. David reçoit un avoir :

- ○ **a.** de la part d'un de ses clients.
- ○ **b.** de la part d'un de ses fournisseurs.

10.4. Si David se fait rembourser des biens défectueux :

- ○ **a.** il enregistre un produit.
- ○ **b.** il enregistre une charge négative.

10.5. Le compte « rabais, remises et ristournes (RRR) accordés » est un compte :

- ○ **a.** de charges.
- ○ **b.** de produits.

10.6. David accorde un escompte à un de ses clients. Il l'enregistre :

- ○ **a.** en charges.
- ○ **b.** en produits.

10.7. David achète un bien au prix de 2 000 € HT. Après livraison, il obtient un rabais auprès de son fournisseur sous forme d'avoir :

- ○ **a.** David est sans doute un client fidèle.
- ○ **b.** Le produit était sans doute de mauvaise qualité.

Exercice. Comptabiliser des frais accessoires d'achat et des réductions de prix

Sauf mention contraire, le taux de TVA est de 19,6 % et celle-ci doit être acquittée le 15 du mois suivant.

M. Z. possède une petite épicerie. Il réalise les opérations suivantes :

- le 3 octobre : achat de 200 packs de lait auprès de son fournisseur Bonlait. Le pack est à 2 € l'unité HT (taux de TVA de 5,5 %). Bonlait lui accorde une remise de 5 %. C'est aussi lui qui va s'occuper de livrer le lait à M. Z. Il facture cette prestation 50 € HT. M. Z. paye le tout comptant ;
- le 4 octobre : achat de 400 kilos d'oranges auprès du fournisseur Tropic. Le prix de base est de 400 € HT (taux de TVA de 5,5 %). M. Z. est un bon client, Tropic lui accorde une remise de 7 % ainsi qu'un escompte financier de 2 % parce que M. Z. accepte de payer sous 8 jours ;
- le 5 octobre, à la réception des oranges, M. Z. observe que certaines sont en mauvais état et donc invendables. Il appelle Tropic pour lui exprimer son mécontentement. Tous deux s'accordent sur la compensation suivante : retour de la moitié des oranges et rabais de 20 % sur les quantités restantes ;
- le 6 octobre, M. Z. vend ses 200 kg d'oranges restantes à une petite entreprise locale Bonpapa qui fabrique de la confiture artisanale. Il les vend à 1,50 € HT (taux de TVA de 5,5 %) le kilo. Bonpapa négocie une remise de 4 % et paye comptant.

Enregistrer les opérations au journal de M. Z. en expliquant vos calculs.

CORRIGÉS

QCM

10.1. ✓**a.** Le nom du fournisseur apparait toujours avant la mention Doit sur les factures. Nicolas est le client. C'est donc David qui a envoyé ce document à Nicolas.

10.2. ✓**a.** David doit débourser 1 000 × 0,95 × 0,97 × 1,196 = 1 102 €. En effet, les réductions commerciales sont toujours calculées en cascade, l'escompte financier de 3 % s'appliquant au montant net de la remise. Et il ne faut pas oublier la TVA.

10.3. ✓**b.** C'est le fournisseur qui envoie l'avoir (réduction accordée sur un achat).

10.4. ✓**b.** Un retour de biens annule la charge d'achat. L'écriture est contrepassée.

	Débit	Crédit
607. Achats de marchandises		***
44566. TVA déductible		***
512. Trésorerie	***	

10.5. ✓b. Les RRR sont accordés par un fournisseur à son client. Ils sont enregistrés en produit négatif.

	Débit	Crédit
7097. RRR accordés	***	
44571. TVA collectée	***	
512. Trésorerie		***

10.6. ✓a. Contrairement aux RRR, les escomptes qu'un fournisseur accorde à son client sont enregistrés en charges dans la comptabilité du fournisseur.

	Débit	Crédit
665. Escompte accordé	***	
44571. TVA collectée	***	
512. Trésorerie		***

10.7. ✓b. Les rabais sont en général accordés pour cause de mauvaise qualité. Les bons clients sont récompensés par des ristournes.

Exercice. Comptabiliser des frais accessoires d'achat et des réductions de prix

		Débit	Crédit
3/10	607. Achat de marchandises	430	
	44566. TVA déductible	30,7	
	512. Trésorerie		460,7
4/10	607. Achat de marchandises	372	
	765. Escomptes obtenus		7,4
	44566. TVA déductible	20	
	401. Dette fournisseur		384,6
5/10	607. Achat de marchandises		186
	6097. RRR obtenus		37,2
	765. Escompte obtenu	4,5	
	44566. TVA déductible		12
	401. Dette fournisseur	230,7	
6/10	512. Trésorerie	303,84	
	707. Vente de marchandises		288
	44571. TVA collectée		15,84

Opération du 3/10

Calcul du net commercial : 200 × 2 × 0,95 = 380 €. La remise n'est pas identifiée séparément car la réduction est sur facture. M. Z. peut décider d'inclure les frais de transport dans le poste achats. Celui-ci sera alors égal à 380 + 50 = 430 € HT. Il faut rajouter la TVA (à 5,5 % sur les produits alimentaires et 19,6 % sur le transport) : 30,70 €. Le montant TTC est donc de 460,70 €.

Opération du 4/10

Calcul du net commercial : 400 × 0,93 = 372 €. L'escompte est comptabilisé à part : 372 × 0,02 = 7,40 €. La TVA est calculée sur le net financier : (372 – 7,4) × 0,055 = 20 €. Le montant TTC est donc de 384,60 €.

Opération du 5/10

Le retour de la moitié des oranges se calcule sur le net commercial : 372 × 0,5= 186 €. Le rabais de 20 % est effectué sur la quantité restante : 186 × 0,2 = 37,20 €. Le montant total de l'avoir se monte donc à 186 + 37,20 = 223,20 €. Le montant de l'escompte diminue de : 0,02 × 223,20 = 4,50 €. La TVA déductible diminue également : (186 + 37,20 – 4,50) × 0,055 = 12 €. Le montant total de la dette fournisseur diminue donc de (186 + 37,20 – 4,50 + 12) = 230,70 €.

Opération du 6/10

Calcul du net commercial : 200 × 1,5 × 0,96 = 288 € HT. La remise est sur facture, elle n'apparaît donc pas séparément. La TVA se monte à 288 × 0,055 = 15,84 €.

FICHE 11

Les relations avec le personnel et les organismes sociaux

1 Les principes généraux

Les charges de personnel se composent de deux parties :

- le **salaire** effectivement perçu par le salarié (salaire net) ;
- l'ensemble des **charges sociales** que l'entreprise verse en son nom et au nom des salariés aux organismes sociaux (Urssaf, Pôle emploi, etc.). L'ensemble des charges sociales est précisé sur le bulletin de paie.

Figure 11.1. Décomposition des charges de personnel

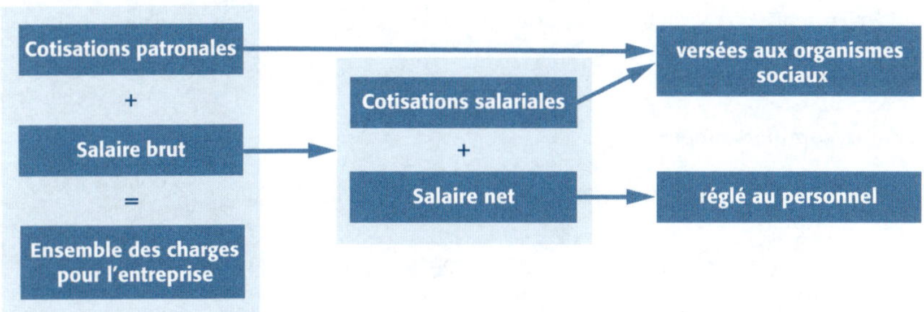

Même si les cotisations sociales sont réparties entre cotisations salariales et cotisations patronales, cette distinction est complètement transparente pour le salarié qui ne perçoit *in fine* que le salaire net. La distinction n'a pas non plus de conséquence pour l'entreprise.

Toute modification de la répartition entre cotisations salariales et cotisations patronales n'a donc aucun effet sur le pouvoir d'achat des salariés ou le coût du travail pour l'entreprise.

2 Le calcul des cotisations sociales

Tableau 11.1. Les cotisations sociales au 1er janvier 2012

Régimes		Taux global %	Répartition		Base de calcul
			sal. %	*empl.* %	
URSSAF					
Assurance maladie (maladie, maternité, invalidité, décès)		13,55	0,75	12,8	Salaire total
Solidarité autonomie		0,3		0,3	
Allocations familiales		5,4		5,4	
Assurance vieillesse déplafonnée		1,7	0,1	1,6	
Assurance vieillesse plafonnée		14,95	6,65	8,3	Plafond Sécurité sociale
Accidents du travail (cotisation employeur)		Taux var. selon l'entreprise appliqué au salaire total			
CSG + CRDS		8	8		98,25 % du salaire total
Aide au logement (+ 0,4 % du salaire total pour les entreprises d'au moins 20 salariés)		0,1		0,1	Plafond Sécurité sociale
Pôle emploi (chômage + AGS)		6,7	2,4	4,3	4 × plafond Sécurité sociale
Retraites complémentaires					
Cadres	Arrco, Assurance décès, AGFF	11	3,8	7,2	Plafond Sécurité sociale
	Agirc, AGFF	22,5	8,6	13,9	De 1 à 4 × plafond Sécurité sociale
	Apec	0,06	0,024	0,036	4 × plafond Sécurité sociale
	Agirc	20,3	Répart. libre		De 4 à 8 × plafond Sécurité sociale
	CET	0,35	0,13	0,22	8 × plafond Sécurité sociale
Non-cadres	Arrco, AGFF	9,5	3,8	5,7	Plafond Sécurité sociale
	Arrco, AGFF	22,2	8,9	13,3	De 1 à 3 × plafond Sécurité sociale

Attention

Les cotisations ne se calculent pas toutes sur le salaire total. Il existe en effet un plafond pour certaines cotisations appelé « plafond de la Sécurité sociale » (3 031 € mensuels au 1er janvier 2012).

Pour le calcul de certaines cotisations, il faut également tenir compte du statut du salarié (cadre ou non-cadre).

FICHE 11

3 La comptabilisation de la paie

La paie est comptabilisée dans les **charges**, le compte 641 (« Rémunération du personnel ») permettant d'enregistrer le salaire brut et le compte 645 (« Charges de Sécurité sociale »), les charges salariales patronales. En contrepartie, si elle ne paye pas immédiatement, l'entreprise a des **dettes** : envers le personnel (compte 421) et envers les organismes sociaux (compte 423).

Attention

Les comptes 421 et 641 ne se recoupent pas entièrement car l'entreprise acquitte, au nom des salariés, les charges salariales.

Exemple : Thomas N., salarié, perçoit une rémunération brute de 3 000 €, sur laquelle sont retenues 600 € de charges salariales. Les cotisations patronales s'élèvent quant à elles à 1 200 €.

	Débit	Crédit
Enregistrement du bulletin de salaire		
641. Rémunération du personnel	3 000	
421. Personnel, rémunérations dues		3 000
Précompte des cotisations salariales		
421. Personnel, rémunérations dues	600	
43. Organismes sociaux		600
Règlement du salaire net à payer aux salariés		
421. Personnel, rémunérations dues	2 400	
512. Trésorerie		2 400
Enregistrement des charges patronales		
645. Charges de Sécurité sociale	1 200	
43. Organismes sociaux		1 200
Paiement des charges sociales		
43. Organismes sociaux	1 800	
512. Trésorerie		1 800

FICHE 11

4 Avances et oppositions

Dans le cas d'**avances** (demandées, avant la fin du mois, par le salarié à son employeur) ou d'**oppositions** (prélèvements sur salaire opérés par l'entreprise au profit d'une tierce personne, par exemple pour le paiement d'une pension alimentaire), la trésorerie de l'entreprise diminue en contrepartie d'une **créance sur le salarié** que l'employeur imputera, au moment de la comptabilisation de la paie à la fin du mois, sur les sommes qu'il lui doit. En pratique, le compte 421 « personnel, rémunérations dues » est débité à la fin du mois des montants d'avances et oppositions, la dette nette envers le salarié est ainsi plus faible.

Exemple : Thomas N. demande le 15 du mois une avance sur salaire de 200 €. Par ailleurs, il fait l'objet d'une opposition de 500 € versée par l'entreprise tous les 20 du mois.

		Débit	Crédit
15 du mois	**Avance au salarié** 425. Avance 512. Trésorerie	 200	 200
20 du mois	**Opposition** 427. Opposition 512. Trésorerie	 500	 500
Fin du mois	**Enregistrement du bulletin de salaire** 641. Rémunération du personnel 421. Personnel, rémunérations dues	 3 000	 3 000
	Précompte des cotisations salariales 421. Personnel, rémunérations dues 43. Organismes sociaux	 600	 600
	Imputation de l'avance et de l'opposition 421. Personnel, rémunérations dues 425. Avance 427. Opposition	 700	 200 500
	Règlement du salaire net à payer aux salariés 421. Personnel, rémunérations dues 512. Trésorerie	 1 700	 1 700
	Enregistrement des charges patronales 645. Charges de Sécurité sociale 43. Organismes sociaux	 1 200	 1 200
En général début du mois suivant	**Paiement des charges sociales** 43. Organismes sociaux 512. Trésorerie	 1 800	 1 800

... À retenir ...

> Le compte 421, « personnel rémunérations dues », peut-être, selon le cas, un compte de dette ou un compte de créance.

APPLICATIONS

QCM

Choisissez, parmi les propositions suivantes, la ou les bonne(s) réponse(s).

11.1. Les charges sociales salariales :

- ○ **a.** s'ajoutent au salaire brut.
- ○ **b.** se soustraient du salaire brut.

11.2. Le compte 641 comptabilise :

- ○ **a.** les charges sociales patronales.
- ○ **b.** les charges sociales salariales.
- ○ **c.** le salaire brut.
- ○ **d.** le salaire net.

11.3. L'assurance maladie :

- ○ **a.** est supportée par les seuls employeurs.
- ○ **b.** est payée par les seuls employeurs.

11.4. La CSG se calcule :

- ○ **a.** sur le salaire total.
- ○ **b.** sur le plafond de la Sécurité sociale.
- ○ **c.** sur la même base que la CRDS.

11.5. Au moment du précompte des charges salariales :

- ○ **a.** le compte 421 est crédité.
- ○ **b.** le compte 421 est débité.
- ○ **c.** le compte 512 est crédité.

11.6. Le compte 423 permet d'enregistrer :

- ○ **a.** les charges sociales patronales uniquement.
- ○ **b.** la dette qu'a l'entreprise envers les organismes sociaux.

11.7. Que se passe-t-il si un salarié demande une avance sur salaire avant la fin du mois ?

- ○ **a.** Le compte 641 sera moins élevé à la fin du mois.
- ○ **b.** Le compte 421 sera moins élevé à la fin du mois.

Exercice 11.1. Établir un bulletin de paie

Alice, secrétaire, perçoit un salaire brut mensuel de 2 000 €.

Calculer son salaire net et établir son bulletin de paie.

Informations complémentaires :

- **le taux pour la cotisation accident du travail dans son entreprise s'élève à 2 % ;**
- **il y a moins de 20 salariés dans l'entreprise.**

Exercice 11.2. Comprendre les enjeux de la TVA sociale

D'après l'extrait suivant, expliquer quels peuvent être les avantages et les inconvénients de la TVA sociale.

Conférence du premier Ministre sur le projet d'allégement du coût du travail

[...] Le plan de compétitivité que nous présentons comporte plusieurs volets.

Le premier, c'est l'allègement du coût du travail.

Comme l'a annoncé le président de la République, nous avons décidé d'alléger le coût du travail afin de permettre à nos entreprises de réduire leurs coûts de production et ainsi de pouvoir diminuer leurs prix tant sur les marchés internationaux que sur le marché intérieur.

La mesure que nous présenterons au parlement prévoit que tous les salaires inférieurs à 2,1 Smic, c'est-à-dire à 2 300 euros nets, ne paieront plus de cotisations famille [...].

Concrètement, cela signifie que pour un salarié à 1 530 euros nets, le coût du travail diminuera de 80 euros par mois [...].

Cette baisse de cotisations, qui représente environ 13 milliards d'euros au total, sera naturellement sans conséquence sur notre politique familiale, qui sera intégralement préservée, puisqu'elle sera compensée par une augmentation d'autres ressources : une hausse modérée de 1,6 point de la TVA à taux normal et de deux points de la CSG sur les revenus du capital. [...]. L'ensemble de ce dispositif entrera en vigueur à compter du 1er octobre 2012.

L'idée de cette réforme est simple : elle consiste à transférer sur des ressources à l'assiette plus large et plus favorable à l'emploi et à la compétitivité de notre économie, une partie des cotisations qui financent notre protection sociale mais qui pèsent, aujourd'hui, sur le travail. Cette mesure apportera une bouffée d'oxygène à nos entreprises. En permettant de réduire les coûts de production, elle rendra donc nos produits plus compétitifs sur les marchés internationaux, elle favorisera donc les exportations. Elle reviendra par ailleurs à « taxer » les importations qui contribueront ainsi au financement de notre protection sociale et à réduire également l'écart entre le coût des produits importés et le coût des produits fabriqués en France. Plus largement, en réduisant le coût du travail, nous allons faciliter les embauches, nous allons réduire les incitations aux délocalisations, nous allons inciter à relocaliser les emplois. [...]

Les produits soumis au taux normal de TVA verront certes leur taux légèrement augmenter, mais comme ils auront au préalable bénéficié de la baisse des coûts de production, cette hausse devrait être sans conséquence pour le consommateur.

www.gouvernement.fr, 30 janvier 2012

CORRIGÉS

QCM

11.1. ✓b. Le salaire brut est la somme du salaire net et des charges sociales salariales. Les charges sociales patronales s'ajoutent en revanche au salaire brut.

11.2. ✓c. Le compte 641 correspond au salaire brut, somme du salaire net et des charges sociales salariales. C'est le compte 645 qui comptabilise les charges sociales patronales.

11.3. ✓b. L'assurance maladie fait partie des charges salariales et des charges patronales. Elle est donc supportée à la fois par les salariés et les employeurs. Cependant, elle n'est décaissée que par les employeurs qui précomptent son montant du salaire brut.

11.4. ✓c. La base de la CSG est particulière : 98,25% du salaire, c'est la même que pour la CRDS.

11.5. ✓b. Quand l'entreprise décompte les charges salariales, sa dette vis-à-vis du salarié diminue (le compte 421 est débité) en contrepartie de la naissance d'une dette envers les organismes sociaux (compte 423).

11.6. ✓b. Le compte 423 est un compte de tiers et non un compte de charges. Il comptabilise la dette qu'a l'entreprise envers les organismes sociaux. Son montant représente celui de l'ensemble des charges sociales (patronales et salariales) car l'entreprise paye les deux.

11.7. ✓b. Quand un salarié demande une avance, le compte de trésorerie est crédité en contrepartie d'un compte de créance sur le salarié. La charge de personnel (compte 641) pour l'entreprise n'est pas modifiée. En revanche, la dette qu'a l'entreprise à la fin du mois envers le salarié (compte 421) est débitée du montant de la créance, son montant sera donc moins élevé.

Exercice 11.1. Établir un bulletin de paie

Bulletin de paie d'Alice					
Salaire brut	**2 000 €**				
	Base	**Retenues salariales**		**Charges patronales**	
		Taux	Montant	Taux	Montant
Ass. maladie	2 000	0,75	15	12,8	256
Solidarité	2 000			0,3	6
Allocations familiales	2 000			5,4	108
Assurance vieillesse déplafonnée	2 000	0,1	2	1,6	32
Assurance vieillesse plafonnée	2 000	6,65	133	8,3	166

Accidents du travail	2 000			2	40
CSG + CRDS	1 965	8	157,2		
Aide au logement	2 000			0,1	2
Chômage + AGS	2 000	2,4	48	4,3	86
Retraite complémentaire plafonnée	2 000	3,8	76	5,7	114
Total retenues			**431,2**		**810**
Net à payer	**1 568,8 €**				

Commentaires

Le salaire d'Alice est situé sous le plafond de la Sécurité sociale ; la base de calcul des cotisations est donc de 2 000 €, même pour les cotisations plafonnées. Alice est non-cadre : il faut appliquer les taux de cotisation pour cette catégorie en ce qui concerne la retraite complémentaire.

Exercice 11.2. Comprendre les enjeux de la TVA sociale

Le projet de réforme annoncé en janvier 2012 visait à réduire la cotisation « famille » de manière dégressive : totalement sur les bas salaires et en partie sur les salaires intermédiaires.

La cotisation « famille » est une charge sociale patronale uniquement. Le salaire brut et sa répartition entre salaire net et charges sociales salariales ne seraient donc pas affectés. En revanche, les charges sociales patronales seraient amoindries. L'objectif de la réforme serait ainsi de réduire le coût du travail pour les entreprises (et non d'augmenter les salaires nets des salariés) afin de rendre les entreprises plus compétitives à l'international.

Cette baisse des cotisations pour la branche famille serait compensée par une hausse de la TVA et de la CSG sur les capitaux. La CSG n'est pas payée par les entreprises et la hausse de la TVA est sans impact sur leurs résultats car c'est le consommateur qui en supporte le coût. Le gouvernement compte cependant sur le fait que les entreprises répercuteraient en partie la baisse de leur coût de production sur les prix afin de diminuer l'impact sur le consommateur.

Par ailleurs, la TVA étant également payée sur les biens importés (quand une entreprise achète un bien venant de l'étranger, elle doit acquitter la TVA sur ce bien), l'augmentation de la TVA serait répartie sur un ensemble plus vaste de biens. Ce transfert permettrait ainsi de réduire l'impact sur le consommateur et les distorsions de concurrence entre biens fabriqués en France et biens importés.

FICHE 12

Les relations avec l'État et les collectivités publiques

1 Les impôts et taxes

A. Les différentes taxes (compte 63)

Les entreprises doivent s'acquitter d'un certain nombre de taxes. Bien que certaines soient calculées sur le total des rémunérations, elles ne sont cependant pas classées parmi les **charges de personnel** (compte 64). À l'inverse de la TVA, ces taxes sont enregistrées en charges et **impactent le résultat**.

Si toutes ces taxes peuvent être acquittées auprès du **Trésor public**, certaines peuvent l'être directement auprès d'autres organismes comme les établissements de formation pour la taxe d'apprentissage ou encore un office HLM pour la taxe sur la construction.

Tableau 12.1. Les différentes taxes au 1er janvier 2012

Taxes	Taux	Base de calcul
Sur les salaires (pour les entreprises non soumises à TVA)	4,25	Total des rémunérations brutes
Construction (entreprises d'au moins 10 salariés)	0,45	Total des rémunérations brutes
Apprentissage (s'y ajoute une taxe additionnelle)	0,5	Total des rémunérations brutes
Formation continue		
Entreprises de plus de 19 salariés	1,6	Total des rémunérations brutes
Entreprises de 10 à 19 salariés	1,05	Total des rémunérations brutes
Entreprises de moins de 10 salariés	0,55	Total des rémunérations brutes
Versement transport (entreprises d'au moins 10 salariés)	variable	Total des rémunérations brutes
Contribution économique territoriale (CET)	variable	Valeur ajoutée et valeurs locatives foncières

FICHE 12

B. L'impôt sur les sociétés (IS)

Le taux de l'impôt sur les sociétés, calculé sur le **bénéfice fiscal**, est de 33,1/3 %. Les très petites entreprises (TPE) bénéficient d'un taux réduit à 15 %.

Le bénéfice fiscal est égal au **bénéfice comptable** après différents **retraitements**.

Exemple : les amendes ne sont pas déductibles et doivent donc être ajoutées sur bénéfice comptable pour obtenir le bénéfice fiscal.

Le paiement de l'IS s'effectue en **quatre acomptes** égaux au quart du dernier bénéfice fiscal connu, le 15 mars, le 15 juin, le 15 septembre et le 15 décembre. Le solde (impôt dû auquel est retranché le total des acomptes) est régularisé en avril de l'année suivante (« liquidation »).

Les acomptes sont comptabilisés en **créances sur l'État** (compte 444 « État, impôt sur les bénéfices »). En contrepartie, la trésorerie est créditée. Au moment de la détermination du résultat de l'exercice, l'impôt dû est comptabilisé en charges, au **compte 6951** « Impôts dus en France », en contrepartie du crédit des **comptes d'acomptes**. Même si le montant exact est déterminé en pratique au début de l'année N+1, l'écriture est datée du 31 décembre N.

Exemple : une entreprise calcule début mars N son premier acompte d'impôt sur les sociétés pour l'année N. À cette date, elle ne connaît ni le bénéfice fiscal de N, ni encore celui de N–1. Elle prend donc comme référence celui de N–2. Si ce dernier est de 100 000 €, elle verse : (100 000/3) × (1/4), soit 8 333 € au Trésor public.

En juin, au moment du paiement du deuxième acompte, elle connaît le bénéfice de N–1, égal à 120 000 €. L'acompte théorique est alors égal à (120 000/3) × (1/4) = 10 000 €. Elle doit également régulariser le montant du 1er acompte qui s'avère insuffisant de 10 000 – 8 333 = 1 667 €. Elle acquitte donc un acompte de 11 667 €.

Les acomptes de septembre et décembre s'élèvent ensuite à 10 000 € chacun.

En avril N+1, elle connaît le bénéfice de N, égal à 147 000 €. Son impôt est donc de 49 000 €. Elle a déjà payé : 8 333 + 11 667 + 10 000 + 10 000, soit 40 000 €. La liquidation s'élève donc à 9 000 €.

Au journal

		Débit	Crédit
1er acompte 15/03/N	444. État, IS 512. Trésorerie	8 333	 8 333
2e acompte 15/06/N	444. État, IS 512. Trésorerie	11 667	 11 667
3e acompte 15/09/N	444. État, IS 512. Trésorerie	10 000	 10 000
4e acompte 15/12/N	444. État, IS 512. Trésorerie	10 000	 10 000
Comptabilisation impôt dû 31/12/N	6951. Impôt dû en France 444. État, IS	49 000	 49 000
Liquidation 15/04/N+1	444. État, impôts sur les bénéfices 512. Trésorerie	9 000	 9 000

FICHE 12

En complément de l'IS de 33,1/3%, les entreprises doivent également s'acquitter d'une **contribution additionnelle** égale à 3 % de l'impôt (compte 6952 « Contribution additionnelle »). Elle fait l'objet d'un acompte versé en décembre N, en même temps que le dernier acompte de l'IS. Elle est liquidée le 15 avril N+1.

2 Les subventions

Les subventions sont des **aides non remboursables** accordées par les collectivités.

A. Les subventions d'exploitation et les subventions d'équilibre

Selon le PCG, les **subventions d'exploitation** ont pour objectif de « permettre de compenser l'insuffisance de certains produits d'exploitation ou de faire face à certaines charges d'exploitation » alors que les **subventions d'équilibre** visent à « compenser la perte globale [que l'entreprise] aurait constatée si cette subvention ne lui avait pas été accordée ».

Si les subventions d'exploitation n'ont pas un caractère exceptionnel et sont classées dans les **produits d'exploitation** (74), les subventions d'équilibre sont en revanche considérées comme des **produits exceptionnels** (7715).

Exemple : une collectivité accorde à une entreprise une subvention annuelle de 10 000 € pour l'aider à financer des charges particulièrement lourdes liées au retraitement des déchets. Cette subvention n'ayant pas un caractère exceptionnel, elle est comptabilisée comme subvention d'exploitation.

	Débit	Crédit
Attribution de la subvention 512. Trésorerie 74. Subventions d'exploitation	 10 000	 10 000

B. Les subventions d'investissement

Les subventions d'investissement sont accordées pour aider l'entreprise à acquérir ou à créer une **immobilisation**. Comme les immobilisations, et à l'inverse des autres subventions, elles sont enregistrées au **bilan** (compte 13). Elles représentent en effet une ressource durable (passif) permettant de financer un emploi durable (actif). Elles sont ainsi comptabilisées dans les **capitaux propres** au moment de leur attribution et non en produits au compte de résultat.

Au fur et à mesure que l'immobilisation est amortie (fiche 19), la subvention d'investissement est virée au compte de résultat et devient un **produit** (compte 777 « Quote-part des SI virées au résultat») en contrepartie du compte 139 «Subvention d'investissement inscrite au compte de résultat». L'impact sur le compte de résultat est donc **progressif** contrairement aux subventions précédentes.

Exemple : une subvention d'investissement de 10 000 € est accordée le 1er janvier N pour aider au financement d'une immobilisation de valeur brute 100 000 €, amortissable de façon linéaire sur 5 ans.

		Débit	Crédit
01/01/N	**Acquisition de l'immobilisation** 21. Immobilisation 512. Trésorerie	 100 000	 100 000
01/01/N	**Attribution de la subvention** 512. Trésorerie 13. Subvention d'investissement	 10 000	 10 000
31/12/N	**Enregistrement de l'amortissement** 68. Dotation aux amortissements 28. Amortissements	 20 000	 20 000
31/12/N	**Virement de la subvention au compte de résultat** 139. Subvention d'investissement inscrite au compte de résultat 777. Quote-part des SI virées au résultat	 2 000	 2 000

N.B. : les écritures au 31 décembre N seront répétées à l'identique au 31 décembre N+1, N+2, N+3 et N+4.

Attention

L'opération de virement progressif de la subvention d'investissement au résultat fait partie des opérations d'inventaire. Elle est ici traitée car l'étude des subventions dépasse le seul cadre de ces opérations.

APPLICATIONS

QCM

Choisissez, parmi les propositions suivantes, la ou les bonne(s) réponse(s).

12.1. Au moment de leur attribution, toutes les subventions :

○ **a.** sont enregistrées en produits.
○ **b.** augmentent les capitaux propres.

12.2. Les subventions d'équilibre sont accordées :

○ **a.** en cas de difficulté passagère.
○ **b.** de manière répétitive pour équilibrer les comptes d'une entreprise structurellement déficitaire.

12.3. Les collectivités locales :

○ **a.** prélèvent des taxes.
○ **b.** accordent des subventions.

12.4. Une subvention d'investissement :

○ **a.** enrichit l'entreprise.
○ **b.** augmente la trésorerie.

12.5. Toutes les taxes :

○ **a.** sont assises sur les salaires.
○ **b.** doivent être versées à l'administration fiscale.
○ **c.** ne constituent pas des charges pour l'entreprise.

12.6. L'impôt sur les sociétés (IS) :

○ **a.** doit être payé en une fois quand le résultat est connu.
○ **b.** doit faire l'objet d'acomptes mais seulement pour les très grandes entreprises.
○ **c.** est comptabilisé en charges au moment de la détermination du bénéfice fiscal.

12.7. Le bénéfice fiscal :

○ **a.** est toujours plus important que le bénéfice comptable.
○ **b.** peut être plus faible que le bénéfice comptable.

Exercice 12.1. Enregistrer des subventions

Un camping reçoit chaque année, en mars, une subvention de 12 000 € de sa commune pour compenser l'attribution d'un tarif préférentiel pour les jeunes. Par ailleurs, la commune lui a accordé en N une subvention de 10 000 € pour contribuer au financement d'un nouvel équipement de 80 000 €. Cet équipement est amortissable sur 20 ans. Vers la fin de l'année N+1, la commune accorde au camping une subvention supplémentaire de 8 000 € pour l'aider à faire face à une perte importante, tout à fait inhabituelle, due à de très mauvaises conditions météorologiques pendant l'été.

Enregistrer les opérations liées à ces subventions en N+1.

Exercice 12.2. Calculer et comptabiliser les différents impôts

Au début de l'année N+1, après avoir déterminé son résultat pour l'année N, l'entreprise TAX cherche à évaluer le montant des différents impôts qu'elle devra acquitter au titre de l'année N.

Le bénéfice fiscal de l'entreprise TAX est pour l'exercice N de 459 000 €. Elle a déjà acquitté des acomptes en N au titre de l'impôt sur les sociétés pour un montant total de 145 000 € (30 000 € en mars N, 42 500 € en juin N, 36 250 € en septembre N et décembre N). Elle doit également s'acquitter de la contribution additionnelle pour laquelle elle a versé un acompte de 4 350 € en décembre N.

Enregistrer au journal les opérations afférentes de décembre N et d'avril N+1.

CORRIGÉS

QCM

12.1. ✓**b.** Les subventions d'exploitation et d'équilibre sont enregistrées dans les produits et augmentent ainsi le résultat et les capitaux propres. Les subventions d'investissement sont enregistrées directement dans les capitaux propres.

12.2. ✓**a.** Les subventions d'équilibre sont accordées pour faire face à une perte inhabituelle. Les subventions d'exploitation sont, quant à elles, accordées de manière répétitive.

12.3. ✓**a.** ✓**b.** Les collectivités locales sont à l'origine d'un grand nombre de subventions mais elles prélèvent aussi des taxes, en particulier la contribution économique territoriale (CET) qui a remplacé la taxe professionnelle.

12.4. ✓**a.** ✓**b.** Une subvention d'investissement est enregistrée dans les capitaux propres, elle augmente donc le patrimoine de l'entreprise. Comme elle est encaissée, elle élève également le montant de la trésorerie.

12.5. ✅ **c.** Certaines taxes, comme la CET, sont assises sur d'autres bases que les salaires. Toutes les taxes ne sont pas nécessairement acquittées auprès du Trésor public : par exemple, la taxe d'apprentissage peut être versée soit à l'administration fiscale soit à un établissement d'enseignement supérieur choisi par l'entreprise. La TVA ne constitue pas une charge pour l'entreprise.

12.6. ✅ **c.** L'IS est payé par acomptes et ce pour toutes les entreprises. L'IS n'est enregistré en charges qu'au moment de la détermination du bénéfice fiscal de l'année sur laquelle porte l'impôt.

12.7. ✅ **b.** L'administration fiscale peut permettre à une entreprise d'enregistrer des charges supplémentaires (comme des amortissements dérogatoires, voir fiche 21), réduisant le bénéfice fiscal par rapport au bénéfice comptable et, par conséquent, l'impôt.

Exercice 12.1. Enregistrer des subventions

La première subvention, accordée chaque année, est une subvention d'exploitation de par son caractère récurrent. Elle est comptabilisée dans les produits d'exploitation.

La deuxième est une subvention d'investissement car elle sert à financer une immobilisation. Elle a été encaissée en N, mais pendant toute la durée d'amortissement du bien, elle sera progressivement comptabilisée en produits. Le bien étant amortissable sur 20 ans, chaque année, 1/20e, de la subvention, soit 500 €, est viré au compte de résultat.

La troisième est une subvention d'équilibre : elle est exceptionnelle et vise à compenser une perte. Elle est classée dans les produits exceptionnels.

Journal en N+1

Mars N+1	512. Trésorerie 74. Subvention d'exploitation	12 000	 12 000
Fin N+1	512. Trésorerie 7715. Subvention d'équilibre	8 000	 8 000
31/12/N+1	139. Subvention d'investissement inscrite au compte de résultat 777. Quote-part des SI virées au résultat	500	 500

Exercice 12.2. Calculer et comptabiliser les différents impôts

L'acompte de décembre N s'élève à 36 250 € + 4 350 € = 40 600 €.

L'impôt dû au titre de l'impôt sur les bénéfices s'élève à 459 000/3 = 153 000 €. La contribution additionnelle s'élève à 153 000 × 0,03 = 4 590 €. Ces deux montants sont enregistrés dans les charges au 31 décembre N.

Leur montant total n'ayant pas encore été versé à l'État, le solde est acquitté en avril N+1. Il s'élève à : 153 000 + 4 590 – 145 000 – 4 350 = 8 240 €.

Au journal en décembre N et avril N+1

4e acompte 15/12/N	444. État, IS 512. Trésorerie	40 600	 40 600
Comptabilisation impôt dû 31/12/N	6951. Impôt dû en France 6952. Contribution additionnelle 444. État, IS	153 000 4 590	 157 590
Liquidation 15/04/N+1	444. État, IS 512. Trésorerie	8 240	 8 240

ICHE 13

Les capitaux propres

1 Les apports des associés et actionnaires

A. Les apports et augmentations de capital

Les associés dans les SARL (ou actionnaires dans les SA), en tant que propriétaires de l'entreprise, apportent les premières ressources nécessaires à son développement. Les apports peuvent être **en numéraire** (trésorerie) ou **en nature** (par exemple, des immobilisations).

Ces apports initiaux constituent le **capital social** de l'entreprise (compte 101 au passif).

Les propriétaires de l'entreprise peuvent également effectuer des « **augmentations de capital** », c'est-à-dire apporter du capital supplémentaire, pendant la vie de l'entreprise, si celle-ci a besoin de moyens importants pour financer un investissement par exemple ou en cas de difficultés.

B. La comptabilisation des apports

L'entreprise enregistre les **promesses d'apport** des actionnaires ou associés en créance, puis leur « libération » en débitant la trésorerie quand ils versent effectivement les fonds.

Exemple : deux associés participent à la création d'une SARL au capital de 150 000 €. Ils effectuent tous deux des apports en numéraire. L'associé A apporte 148 500 € (soit 99 % de 150 000 €) et l'associé B 1 500 € (soit 1 % de 150 000 €).

		Débit	Crédit
Enregistrement de la promesse des apports	4561. Associé A, compte d'apport en numéraire 4561. Associé B, compte d'apport en numéraire 101. Capital social	148 500 1 500	 150 000
Libération des apports	512. Banque 4561. Associés A et B	150 000	 150 000

Attention

Dans les SARL, mais aussi les sociétés en nom collectif (SNC), les sociétés par actions simplifiées (SAS) et les sociétés en commandite, les associés peuvent également réaliser des apports en industrie, c'est-à-dire mettre à disposition leurs connaissances professionnelles ou leur travail. Cet apport ne concourt pas à la formation du capital social, mais donne lieu à l'attribution de parts sociales et ouvre droit au partage des bénéfices ou des pertes. Il permet également à l'apporteur de participer aux décisions collectives et de voter en AG. Très encadrée, cette pratique est cependant peu répandue.

2 L'affectation du résultat et la distribution des dividendes

A. L'affectation du résultat

Le bénéfice réalisé par l'entreprise est la **propriété** des actionnaires, toutes les autres parties prenantes de l'entreprise ayant été rémunérées précédemment. Ce sont eux, en **assemblée générale ordinaire** (AGO), qui décident de son **affectation**.

Les actionnaires peuvent laisser ce bénéfice dans l'entreprise et ainsi constituer des ressources supplémentaires (les « réserves »), le prélever (« dividendes ») ou décider de reporter la décision quant à son affectation (« report à nouveau », figure 13.1).

La distribution de dividendes, si elle a lieu, doit intervenir dans les neuf mois suivant la clôture de l'exercice.

Figure 13.1. Résultat, report à nouveau, réserves et dividendes

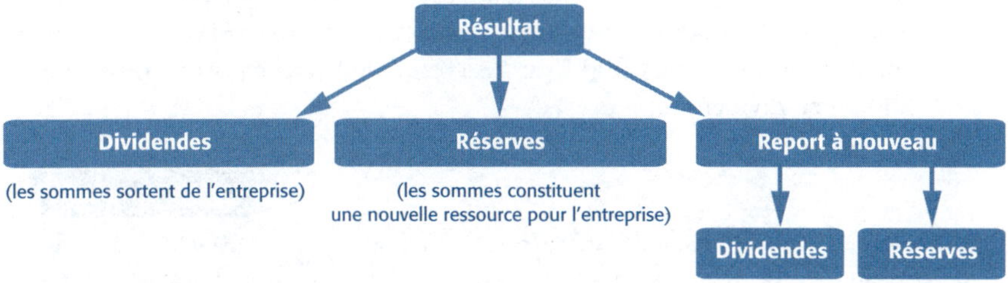

B. Le bénéfice distribuable

La constitution de certaines **réserves** est imposée par la loi, les règlements et les statuts de l'entreprise. L'entreprise ne peut pas non plus distribuer de l'argent qu'elle ne possède pas (il faut qu'elle déduise de son résultat ses reports à nouveau déficitaires). En revanche, elle peut distribuer les reports à nouveau bénéficiaires.

Un **résultat positif** ne garantit donc pas que l'entreprise puisse distribuer des dividendes si elle a réalisé des pertes antérieurement. Inversement, un résultat négatif peut permettre de distribuer des dividendes si l'entreprise a réalisé les années précédentes des bénéfices qu'elle n'a pas distribués.

Bénéfice distribuable = Résultat de l'exercice – Pertes antérieures
– Dotation aux réserves (légale, réglementée et statutaire) + Reports bénéficiaires

C. La comptabilisation

Pour **affecter le résultat**, l'entreprise débite le compte de résultat (12) et éventuellement le compte de report à nouveau (11) s'il est bénéficiaire. S'il est déficitaire, le compte est crédité, le résultat à affecter étant diminué de la somme en question. Ces deux ressources font ainsi l'objet d'une nouvelle affectation, qui s'effectue par le crédit des comptes correspondants : réserves (106), dividendes (457) et report à nouveau (11).

Les comptes de réserves et de report à nouveau sont des **comptes de capitaux propres** au passif, ils deviennent une nouvelle ressource de l'entreprise. Le compte de dividendes est un **compte de dette** envers les actionnaires. Une fois les dividendes versés, le compte de dette est annulé et la trésorerie créditée.

Exemple : une entreprise a un résultat de 10 000 € et un report à nouveau bénéficiaire de 3 000 €. L'assemblée générale ordinaire (AGO) décide de l'affectation suivante : 1 000 € en réserves, 7 000 € en report à nouveau et 5 000 € en dividendes.

Au journal

		Débit	Crédit
Affectation du résultat	12. Résultat de l'exercice 11. Report à nouveau 106. Réserves 11. Report à nouveau 457. Dividendes à payer aux actionnaires	10 000 3 000	 1 000 7 000 5 000
Distribution des dividendes	457. Dividendes à payer 512. Trésorerie	5 000	 5 000

3 Le rachat d'actions

A. Principe et comptabilisation

Alternativement, ou en complément des dividendes, l'entreprise peut également racheter une partie de ses actions (actions propres) puis annuler ces titres qui disparaissent ainsi du capital social. Cette opération diminue le nombre d'actions en circulation et augmente la part de chaque actionnaire restant dans son droit au bénéfice, le montant de ce dernier n'étant pas affecté par l'opération.

L'effet sur la trésorerie et sur les capitaux propres est identique pour l'entreprise aux dividendes.

Exemple : une entreprise rachète 100 000 € de ses propres actions.

Au journal

		Débit	Crédit
Rachat des actions	502. Actions propres 512. Trésorerie	100 000	 100 000
Annulation des titres	101. Capital social 502. Actions propres	100 000	 100 000

B. Les avantages et inconvénients des rachats d'actions

En réduisant le nombre d'actions en circulation, le rachat d'actions permet à l'entreprise de soutenir le cours de ses actions (le bénéfice net par action étant plus important, l'effet est dit « relutif ») et de dissuader d'éventuelles OPA inamicales. Les rachats d'actions permettent en effet de réduire la part du **flottant**, c'est-à-dire les actions détenues par de petits actionnaires qui apportent en général assez volontiers leurs titres lors d'une OPA, et de recentrer ainsi le capital sur quelques gros actionnaires plus fidèles.

Les actionnaires peuvent avoir un **intérêt fiscal** au rachat de titres, certains étant moins imposés sur les plus-values que sur les dividendes. Il peut ainsi se développer un « effet de clientèle », les entreprises se spécialisant dans une certaine mesure, soit en rémunération par dividendes, soit en rémunération par rachats d'actions.

De façon générale cependant, les rachats d'actions sont moins fréquents que les distributions de dividendes. Ils sont utilisés quand l'entreprise dispose momentanément d'un montant particulièrement important de trésorerie sans opportunité d'investissement suffisamment intéressante.

Le rachat d'actions peut également, s'il n'est pas suivi de l'annulation des titres, constituer un moyen de :

- rémunérer des salariés si les titres leur sont attribués ;
- financer une acquisition par échange de titres (les actionnaires de la cible étant rémunérés par les actions de la société initiatrice dans le cadre d'une opération d'acquisition par échange d'actions, OPE).

APPLICATIONS

QCM

Choisissez, parmi les propositions suivantes, la ou les bonne(s) réponse(s).

13.1. La distribution de dividendes :

- ○ **a.** est une charge pour l'entreprise.
- ○ **b.** est un produit pour l'entreprise.
- ○ **c.** n'est pas enregistrée au compte de résultat.

13.2. L'affectation du résultat, avant la distribution effective des dividendes :

- ○ **a.** augmente l'actif.
- ○ **b.** augmente le passif.
- ○ **c.** peut augmenter les capitaux propres.
- ○ **d.** peut diminuer le montant des capitaux propres.

13.3. La distribution de dividendes :

○ **a.** appauvrit l'entreprise.
○ **b.** est neutre pour le patrimoine de l'entreprise.

13.4. La mise en réserves :

○ **a.** est en partie obligatoire.
○ **b.** est totalement facultative.
○ **c.** enrichit l'entreprise.

13.5. Le compte de report à nouveau :

○ **a.** est toujours bénéficiaire.
○ **b.** peut être déficitaire.
○ **c.** fait partie des capitaux propres.

13.6. Une entreprise qui présente un résultat négatif au 31/12/N :

○ **a.** ne peut en aucun cas distribuer de dividendes en N+1.
○ **b.** peut, sous certaines conditions, distribuer des dividendes en N+1, mais seulement après le mois de septembre N+1.
○ **c.** s'appauvrit en N.

Exercice. Affecter le résultat de l'entreprise

Les capitaux propres au 31/12/N d'une entreprise sont composés des éléments suivants :

– compte 101 : 100 000 € ;

– compte 106 : 20 000 € ;

– compte 11 : – 15 000 € ;

– compte 12 : 10 000 €.

Au 31/12/N+1, l'entreprise réalise un résultat de 8 000 €.

Par ailleurs, il est précisé qu'en raison des contraintes statutaires et réglementaires auxquelles l'entreprise est soumise, cette dernière doit mettre en réserves au moins 10 % de son résultat chaque année.

Les actionnaires décident de ne pas distribuer de dividendes en N+1 et de distribuer 50 % du bénéfice distribuable de N+1 en N+2, les 50 % restants alimentant les réserves facultatives.

a. Quel est le montant du bénéfice distribuable en N+1 concernant les résultats de N ? Procéder à l'affectation du résultat.

b. Quel est le montant du bénéfice distribuable en N+2 concernant les résultats de N+1 ? Procéder à l'affectation du résultat.

CORRIGÉS

QCM

13.1. ✔ **c.** La distribution de dividendes est une opération d'affectation de bilan (baisse des capitaux propres au passif contre baisse de la trésorerie à l'actif).

13.2. ✔ **d.** L'affectation du résultat consiste à déterminer si le résultat est conservé dans les capitaux propres sous forme de réserves ou distribué aux actionnaires. Tant que la distribution n'est pas effective, c'est un compte de dette qui est comptabilisé. L'affectation du résultat n'a donc aucun impact sur l'actif, ni sur le total du passif. Elle ne peut en aucun cas augmenter les capitaux propres, mais peut les diminuer si l'entreprise décide de distribuer des dividendes. Une partie des capitaux propres est en effet débité au profit d'une dette.

13.3. ✔ **a.** La distribution de dividendes diminue les capitaux propres. Si l'entreprise ne veut pas s'appauvrir, elle doit inscrire le résultat en réserves.

13.4. ✔ **a.** C'est le résultat qui enrichit l'entreprise et non sa mise en réserve qui consiste à le garder dans l'entreprise. La mise en réserves est en partie obligatoire (de par la loi, les règlements ou les statuts de l'entreprise).

13.5. ✔ **b.** ✔ **c.** Si l'entreprise réalise des bénéfices et décide de reporter leur affectation, le report à nouveau est bénéficiaire. Un report de pertes constitue en revanche un report déficitaire. Dans les deux cas, les sommes ne quittent pas l'entreprise, le report à nouveau faisant partie des capitaux propres. C'est la distribution des dividendes qui fait diminuer les capitaux propres.

13.6. ✔ **c.** Une entreprise qui a un résultat négatif s'appauvrit, ses capitaux propres diminuant. Cependant, elle peut quand même distribuer un dividende si elle a réalisé des bénéfices antérieurement et que ceux-ci dépassent la perte réalisée. Cette distribution doit avoir lieu dans les neuf mois qui suivent la clôture des comptes.

Exercice. Affecter le résultat de l'entreprise

a. Bénéfice distribuable en N+1

→ Bénéfice distribuable en N+1 : 10 000 (résultat) – 15 000 (pertes antérieures) – 0,1 × 10 000 (dotations aux réserves obligataires) = **– 6 000 €**

L'entreprise ne peut donc pas distribuer de dividendes en N+1 et le résultat est donc affecté : pour 1 000 € en réserves ; pour 9 000 € en report à nouveau, qui s'élève alors à – 15 000 + 9 000 = – 6 000 €.

Opérations d'affectation du résultat de N	Débit	Crédit
12. Résultat de l'exercice	10 000	
11. Report à nouveau		9 000
106. Réserves		1 000

Les capitaux propres après affectation sont composés des éléments suivants :
- compte 101 : 100 000 € ;
- compte 106 : 21 000 € ;
- compte 11 : – 6 000 €.

N.B. : le compte 12 du résultat disparaît par construction.

Le total des capitaux propres est de 115 000 €, soit le même montant qu'avant affectation car l'entreprise ne distribue pas de dividendes.

b. Bénéfice distribuable en N+2

→ Bénéfice distribuable en N+2 : 8 000 – 6 000 – 0,1 × 8 000 = **1 200 €**

L'entreprise décide de distribuer 600 € de dividendes (1 200/2) et d'incorporer 600 € aux réserves facultatives en plus des 800 € de dotation obligatoire aux réserves.

Opérations d'affectation du résultat de N +1		Débit	Crédit
Affectation du résultat	12. Résultat de l'exercice	8 000	
	11. Report à nouveau		6 000
	106. Réserves		1 400
	457. Dividendes à payer aux actionnaires		600
Distribution des dividendes	457. Dividendes à payer	600	
	512. Trésorerie		600

Le report à nouveau déficitaire de 6 000 € avant l'affectation du résultat est crédité de 6 000 €. Il est donc nul pour l'exercice suivant.

Les capitaux propres **avant affectation** sont composés des éléments suivants :
- compte 101 : 100 000 € ;
- compte 106 : 21 000 € ;
- compte 11 : – 6 000 € ;
- compte 12 : 8 000 €.

→ Le total est de **123 000 €**, soit **8 000 € de plus** que les capitaux propres au 31 décembre N, qui correspondent au résultat de N+1.

Les capitaux propres **après affectation** sont composés des éléments suivants :
- compte 101 : 100 000 € ;
- compte 106 : 22 400 €.

→ Le total est de **122 400 €**, la différence de **600 €** correspondant aux dividendes versés qui viennent diminuer les capitaux propres.

FICHE 14

L'emprunt et le crédit-bail

1 L'emprunt

A. Emprunter ou se financer par capitaux propres

Le financement par emprunt est une alternative au financement par capitaux propres mais il peut aussi le compléter.

À la différence des capitaux propres, un emprunt doit être remboursé selon des **échéances précises** et donne lieu à une **rémunération fixée à l'avance** (l'intérêt ou le « coupon » dans le cadre des emprunts obligataires), non dépendante des résultats de l'entreprise.

L'endettement augmente ainsi :

- le **risque d'exploitation** de l'entreprise en alourdissant ses charges et en élevant son seuil de rentabilité (chiffre d'affaires minimal pour couvrir ses charges fixes) ;
- son **risque financier**, une dette trop importante pouvant créer des problèmes de solvabilité (actifs insuffisants pour payer les dettes).

Les entreprises doivent dès lors veiller à leur **niveau d'endettement**, le ratio dettes/capitaux propres étant étudié attentivement par les banques pour toute décision d'octroi de prêt supplémentaire.

Néanmoins, l'endettement peut aussi être un levier de **création de valeur**. Si son coût est plus faible que la rentabilité économique de l'entreprise, les actionnaires peuvent profiter d'un **effet de levier**, la rentabilité financière (le ratio résultat/capitaux propres) étant alors supérieure à la rentabilité économique de l'entreprise.

Tableau 14.1. Les avantages comparés des deux modes de financement

Avantages du financement par capitaux propres	Avantages du financement par emprunt
– Pas d'augmentation du risque d'exploitation ni du risque financier. – Rémunération par dividende non fixée à l'avance.	– Effet de levier. – Pas d'effet de dilution (il y a dilution quand un plus grand nombre d'actionnaires doivent se partager le même bénéfice.

FICHE 14

Exemple : une entreprise est financée pour 500 par capitaux propres et 500 par emprunt. Son résultat d'exploitation est de 100 et son taux d'intérêt de 6 %. On considère un cas simple sans impôt, sans résultat exceptionnel et sans produits financiers.

Sa rentabilité économique (résultat d'exploitation / ressources stables) est de 100/(500 + 500) = 10 %.

Son résultat est égal au résultat d'exploitation minoré des charges d'intérêt, soit 100 – 6 % × 500 = 70.

Sa rentabilité financière (résultat net / capitaux propres) est alors de 70/500 = 14 %, soit bien supérieure à la rentabilité économique.

B. Emprunt bancaire et emprunt obligataire

Pour contracter un emprunt, l'entreprise peut s'adresser à sa banque (emprunt bancaire) ou directement au marché (emprunt obligataire), le financement étant alors qualifié de « **désintermédié** ».

Le recours au marché obligataire permet d'éviter la rémunération d'un intermédiaire et d'emprunter des sommes plus importantes qu'auprès d'une banque unique. Toutes les formes d'entreprise peuvent avoir accès au marché obligataire (SA, SARL, mais aussi associations, collectivités publiques et États) à condition d'émettre (emprunter) au moins 200 millions d'euros, ce qui exclut dans les faits les petites entreprises.

Pour émettre dans de meilleures conditions sur le marché obligataire, l'entreprise peut demander à être **notée** même si ce n'est pas obligatoire. La note, déterminée par une **agence de notation**, évalue le **risque d'insolvabilité** de l'entreprise.

C. Modalités de remboursement de l'emprunt

L'emprunt peut être remboursé selon plusieurs modalités :

- en **une seule fois**, à la fin de la durée de l'emprunt (remboursement *in fine*), l'entreprise ne paye alors que des intérêts pendant la durée de l'emprunt et rembourse le capital dans sa globalité à la fin ;
- par **amortissement constant** du capital ;
- par **annuités constantes**, l'annuité étant la somme du remboursement du capital et de l'intérêt.

Quelle que soit la modalité retenue, l'intérêt est versé à la fin de chaque période et calculé sur le capital restant dû. Ainsi, plus le capital est remboursé tardivement, plus l'emprunt est coûteux. Les taux d'emprunt varient par conséquent selon les modalités de remboursement.

Exemple : une entreprise emprunte 300 000 € sur trois ans. Le taux d'intérêt est de 6 %.

Cas 1. *Remboursement du capital en une seule fois à la fin de la durée de l'emprunt*

Année	Remboursement du capital (1)	Intérêt (2)	Annuité (1) + (2)
Fin N	0	18 000	18 000
Fin N+1	0	18 000	18 000
Fin N+2	300 000	18 000	318 000

Les trois années, le capital restant dû est de 300 000 €. L'intérêt est donc de 300 000 × 0,06 = 18 000 €.

Cas 2. *Remboursement du capital par amortissement constant*

Année	Capital restant dû	Remboursement du capital (1)	Intérêt (2)	Annuité (1) + (2)
Fin N	300 000	100 000	18 000	118 000
Fin N+1	200 000	100 000	12 000	112 000
Fin N+2	100 000	100 000	6 000	106 000

Chaque année, l'entreprise rembourse une fraction égale du capital, soit 300 000/3 = 100 000 €. L'intérêt payé est décroissant car il est calculé sur le capital restant dû.

Cas 3. *Remboursement de l'emprunt par annuités constantes*

Pour déterminer le montant de l'annuité constante, il faut appliquer une formule : $a = V_0 \times i / [1 - (1 + i)^{-n}]$, où *a* correspond au montant de l'annuité, V_0 au montant de l'emprunt, *i* au taux d'intérêt et *n* à la durée de l'emprunt.

$$a = 300\,000 \times 0{,}06 / [1 - (1{,}06)^{-3}] = 112\,233\text{ €}$$

Année	Annuité
Fin N	112 233
Fin N+1	112 233
Fin N+2	112 233

D. Comptabilisation de l'emprunt

Le capital emprunté est inscrit au **passif**, soit au crédit du compte 161 « Emprunts obligataires convertibles », soit au compte 164 « Emprunt auprès des établissements de crédit ». Les comptes 161 et 164 sont des comptes de capitaux, bien que distincts des capitaux propres, car l'emprunt constitue une ressource de long terme. En contrepartie, la trésorerie est débitée.

Le remboursement du capital n'est pas comptabilisé au compte de résultat. En effet, le remboursement d'une dette par le crédit de la trésorerie n'a pas d'effet sur les capitaux propres. En revanche, l'intérêt est une **charge** (compte 6611 « Intérêt des emprunts ») car il appauvrit l'entreprise.

FICHE 14

... À retenir ...

Il convient de comptabiliser séparément les deux composantes de l'annuité. L'impact au compte de résultat correspond seulement au montant de l'intérêt alors qu'il est égal au montant total de l'annuité (intérêt + remboursement du capital) pour la trésorerie.

Exemple : comptabilisons les opérations pour l'emprunt de 300 000 € remboursé sur trois ans au taux de 6 % par amortissement constant du capital.

Au journal

Année	Comptes	Débit	Crédit
Début N	512. Trésorerie 164. Emprunt auprès des etbts de crédit	300 000	 300 000
Fin N	164. Emprunt auprès des etbts de crédit 6611. Intérêts des emprunts 512. Trésorerie	100 000 18 000	 118 000
Fin N+1	164. Emprunt auprès des etbts de crédit 6611. Intérêts des emprunts 512. Trésorerie	100 000 12 000	 112 000
Fin N+2	164. Emprunt auprès des etbts de crédit 6611. Intérêts des emprunts 512. Trésorerie	100 000 6 000	 106 000

2 Le crédit-bail

A. Présentation

Le crédit-bail est une alternative au financement classique par emprunt :

- d'un point de vue **juridique**, il s'analyse comme une **location de bien** (mis à disposition moyennant un loyer) assortie d'une option d'achat en fin de contrat ;
- d'un point de vue **économique**, il peut être considéré comme une **acquisition par emprunt**. En effet, le bail est de très longue durée et le prix proposé à la fin de la durée du contrat pour l'acquisition du bien est en général très faible. Pendant toute la durée du contrat l'entreprise contrôle le bien.

Le crédit-bail permet d'éviter le recours aux capitaux propres ou à l'emprunt et d'étaler ainsi les décaissements sur la durée d'utilisation du bien. Il est cependant en général plus coûteux.

FICHE 14

B. Comptabilisation

L'entreprise s'acquitte d'un **loyer annuel** qui est comptabilisé en charges au compte 6122 « Redevance de crédit-bail mobilier » ou au compte 6125 « Redevance de crédit-bail immobilier ». Le bien n'est pas inscrit au bilan car l'entreprise n'en est pas propriétaire. C'est un des critères permettant l'activation d'un bien pour le PCG et qui distingue la comptabilité française de la comptabilité anglo-saxonne ou internationale dans lesquelles c'est l'analyse économique qui importe. La dette sous-jacente n'est pas non plus comptabilisée au passif.

Au moment de la **levée d'option d'achat**, l'immobilisation rentre à l'actif (débit du compte 21) en contrepartie du crédit de la trésorerie.

Exemple : une entreprise acquiert un bien immobilier en crédit-bail. Le montant de la redevance annuelle due au 31/12 est de 5 000 €.

Au journal, au 31/12, pendant la durée du contrat

	Débit	Crédit
6125. Redevance de crédit-bail immobilier	5 000	
512. Trésorerie		5 000

APPLICATIONS

QCM

Choisissez, parmi les propositions suivantes, la ou les bonne(s) réponse(s).

14.1. Le remboursement du capital d'un emprunt :

- ○ **a.** est enregistré en charges.
- ○ **b.** n'a pas d'impact sur le résultat.

14.2. Quand une entreprise emprunte de l'argent :

- ○ **a.** sa trésorerie augmente.
- ○ **b.** ses capitaux propres augmentent.
- ○ **c.** son passif augmente.

14.3. L'emprunt obligataire n'est accessible :

- ○ **a.** qu'aux sociétés anonymes.
- ○ **b.** qu'aux sociétés empruntant plus de 200 millions d'euros.
- ○ **c.** qu'aux entreprises notées.

14.4. Un emprunt remboursé *in fine* :

- ○ **a.** n'a d'impact sur la trésorerie qu'à la fin de l'emprunt.
- ○ **b.** n'a d'impact sur le résultat qu'à la fin de l'emprunt.
- ○ **c.** n'a d'impact sur le compte dette qu'à la fin de l'emprunt.

14.5. Dans le cas d'un emprunt remboursé par amortissement constant du capital :

- ○ **a.** l'annuité n'est pas du même montant chaque année.
- ○ **b.** le compte 164 est crédité du même montant chaque année.
- ○ **c.** le compte 6611 est débité du même montant chaque année.
- ○ **d.** le compte 512 est crédité du même montant chaque année.

14.6. Un emprunt remboursé par annuités constantes :

- ○ **a.** présente l'avantage de lisser les sorties de trésorerie.
- ○ **b.** est moins coûteux qu'un emprunt remboursé *in fine* au même taux d'intérêt.

14.7. La redevance du crédit-bail :

- ○ **a.** est inscrite pour sa totalité dans les charges.
- ○ **b.** n'est pas complètement déductible fiscalement.

Exercice 14.1. Comptabiliser un emprunt

Une entreprise emprunte, le 1er janvier N, 200 000 € remboursables en 5 ans par amortissement constant du capital au taux de 7 %. L'annuité est due chaque année au 31/12.

a. Établir le tableau d'amortissement de l'emprunt (intérêt et remboursement du capital à acquitter chaque année).

b. Enregistrer au journal les opérations liées à cet emprunt en N.

Exercice 14.2. Comprendre les avantages et les inconvénients du crédit-bail

> Depuis plus de quarante ans, le crédit-bail immobilier accompagne et facilite le développement des entreprises. Il a notamment favorisé la modernisation du commerce et de l'hôtellerie et l'essor des PME régionales. S'il permet aux grandes entreprises de réaliser des montages financiers adaptés, il concerne de plus en plus les PME. Ainsi, 3 000 opérations annuelles contribuent au développement des territoires. Plus récemment, le crédit-bail immobilier a aussi répondu aux attentes des investisseurs dans l'immobilier professionnel locatif. Pour les entreprises, notamment les plus petites, il constitue un financement plus accessible que le prêt à long terme du fait de la garantie, pour le bailleur, découlant de la propriété du bien.
>
> Pour l'entreprise bénéficiaire, il est économe en fonds propres et fiscalement avantageux puisqu'il optimise l'adéquation entre sommes payées et charges déductibles. Il permet également de bénéficier d'un accompagnement par des experts immobiliers tout au long du contrat de financement.
>
> Source : *Le crédit-bail immobilier*, Association française des sociétés financières, www.asf-france.com

Quels sont les avantages et les inconvénients du crédit-bail pour les PME ?

CORRIGÉS

QCM

14.1. ✓ **b.** Le remboursement du capital d'un emprunt s'assimile au remboursement d'une dette. Le compte d'emprunt est débité au passif en contrepartie du crédit de la trésorerie à l'actif. L'opération est neutre pour les capitaux propres. C'est le paiement des intérêts qui est enregistré dans les charges.

14.2. ✓ **a.** ✓ **c.** L'emprunt augmente la trésorerie en contrepartie du crédit du compte 164 au passif. Il augmente donc à la fois l'actif et le passif, mais est neutre pour les capitaux propres.

14.3. ✓ **b.** Toutes les formes juridiques de société mais aussi les États ou les collectivités territoriales peuvent émettre sur le marché obligataire. Le montant minimum est de 200 millions d'euros. Il n'est pas nécessaire d'être noté même si cela est très fréquent.

14.4. ✓ **c.** Quand un emprunt est remboursé *in fine*, le capital est remboursé en un bloc à l'échéance (le compte de dette n'est ainsi affecté qu'à la fin). En revanche, l'entreprise doit acquitter des intérêts sur toute la durée de l'emprunt. Ces intérêts font baisser le résultat car ils sont enregistrés dans les charges.

14.5. ✓ a. Dans le cadre d'un emprunt remboursé par amortissement constant du capital, la fraction de capital remboursé chaque année est fixe mais l'intérêt (compte 6611) est variable car il dépend du capital restant dû et celui-ci diminue au cours du temps au rythme de son remboursement. Les annuités (somme du remboursement du capital et des intérêts), comme les décaissements de trésorerie, ne sont donc pas constantes. Attention : le compte 164 est débité et non crédité chaque année du même montant.

14.6. ✓ a. ✓ b. Un emprunt remboursé par annuités constantes entraîne des sorties de trésorerie constantes sur la durée de l'emprunt. Le capital étant remboursé progressivement, l'emprunt est globalement moins coûteux qu'un emprunt dans lequel le capital est remboursé en une seule fois à l'échéance (emprunt *in fine*).

14.7. ✓ a. La redevance d'un crédit-bail est bien enregistrée en totalité dans les charges. Elle est également complètement déductible. L'impôt acquitté par l'entreprise est ainsi minoré.

Exercice 14.1. Comptabiliser un emprunt

a. Tableau d'amortissement de l'emprunt

Année	Capital restant dû	Remboursement du capital (1)	Intérêt (2)	Annuité (1) + (2)
Fin N	200 000	40 000	14 000	54 000
Fin N+1	160 000	40 000	11 200	51 200
Fin N+2	120 000	40 000	8 400	48 400
Fin N+3	80 000	40 000	5 600	45 600
Fin N+4	40 000	40 000	2 800	42 800

Le capital est remboursé par fractions constantes : 200 000/5 = 40 000 € par an.

L'intérêt est calculé chaque année sur le capital restant dû, par exemple à la fin de l'année N : 200 000 × 0,07 = 14 000 €.

L'annuité est la somme du capital remboursé et de l'intérêt.

b. Au journal

Année		Débit	Crédit
Début N	512. Trésorerie 164. Emprunt auprès des etbts de crédit	200 000	 200 000
Fin N	164. Emprunt auprès des etbts de crédit 6611. Intérêts des emprunts 512. Trésorerie	40 000 14 000	 54 000

Exercice 14.2. Comprendre les avantages et les inconvénients du crédit-bail

Le crédit-bail présente trois avantages principaux :

- le crédit-bail permet de ne pas puiser dans les fonds propres ni d'augmenter le taux d'endettement de la société ;
- le décaissement de trésorerie chaque année est minoré du fait de sa déductibilité fiscale (l'entreprise paye moins d'impôt du fait de cette charge). Dans le cas d'une acquisition « classique » par emprunt, l'entreprise peut également déduire l'amortissement et les charges d'intérêt, mais pas le remboursement du capital ;
- la société mettant le bien à disposition reste propriétaire de ce bien, ce dernier constituant une garantie qui peut limiter le coût du crédit-bail (comme une hypothèque).

Le crédit-bail présente également des inconvénients que le texte ne mentionne pas. Ces avantages ont un coût : un crédit-bail est souvent plus onéreux qu'une acquisition classique par emprunt.

FICHE 15

Les opérations de trésorerie

1 Les comptes de trésorerie

La trésorerie, en permettant de régler les dépenses courantes, s'avère être un **actif indispensable** et les entreprises doivent être très attentives à son **niveau** :

- si elles n'en disposent pas assez, elles se trouvent en effet dans l'obligation **d'emprunter** à court terme auprès de leurs banques (découverts bancaires ou « concours bancaires courants »), ce qui peut être très coûteux ;
- cependant, elles ne doivent pas non plus garder des sommes trop importantes car la **trésorerie**, même placée, rapporte peu.

Tableau 15.1. Les principaux comptes de trésorerie

Actif	Passif
50. Valeurs mobilières de placement (VMP) 51. Banque 53. Caisse	519. Concours bancaires courants

À l'actif :

- le compte 53 identifie les sommes que l'entreprise garde dans ses locaux ;
- le compte 51 regroupe les sommes déposées à la banque (dont le compte 512, le compte courant de l'entreprise) ;
- le compte 50 rassemble les **valeurs mobilières de placement** (les placements à court terme de trésorerie en actions : 501, 502, 503 ou en obligations : 505 et 506, principalement).

Au passif, le compte 519 permet d'enregistrer les crédits que l'entreprise contracte à court terme auprès de sa banque.

Attention

Il faut distinguer les VMP comptabilisées dans la trésorerie, qui sont des placements à court terme, des immobilisations financières (comptes 26 et 27) qui regroupent les placements à long terme.

FICHE 15

2 L'état de rapprochement bancaire

Le compte 512 dans la comptabilité de l'entreprise et le compte de l'entreprise à la banque sont des **comptes réciproques**. Même s'ils fonctionnent à l'envers l'un de l'autre (quand l'entreprise débite le compte 512, c'est un crédit qui est inscrit sur son relevé de compte), la banque présentant un extrait de sa propre comptabilité, les **soldes** devraient être égaux au signe près.

Il n'en est pas ainsi dans la réalité, pour deux raisons essentiellement :

- des **erreurs** peuvent être commises d'un côté comme de l'autre ;
- l'entreprise ou la banque peuvent enregistrer des opérations à des moments différents du fait de **délais** dans leur prise en compte.

Il est donc important pour l'entreprise de **vérifier** les opérations comptabilisées sur son relevé de compte, en établissant un « **état de rapprochement bancaire** » (la concordance entre les deux documents) afin d'enregistrer éventuellement les opérations manquantes ou de contester auprès de sa banque l'imputation de certaines opérations.

Exemple : si l'entreprise constate sur son relevé de comptes un crédit correspondant au paiement d'un client pour 1 000 € qu'elle n'a pas encore comptabilisé, elle passe l'écriture suivante dans sa comptabilité afin de faire correspondre les deux documents.

Au journal de l'entreprise

		Débit	Crédit
512. Trésorerie		1 000	
	411. Créance client		1 000

3 Les effets de commerce

A. Création d'une lettre de change

En cas de délai de paiement, le fournisseur tire généralement, en même temps ou après la facture, une **lettre de change** sur son client afin de se protéger juridiquement. Il s'agit d'un document (« traite » ou « effet ») dans lequel le client reconnaît sa **dette** envers le fournisseur.

Ce document est enregistré au **débit** du compte 413 « Effet à recevoir » à l'actif par le **crédit** du compte 411 « Créance client ».

B. Paiement de la lettre de change

À **l'échéance** de l'effet, le fournisseur peut réclamer la somme due au client ou déléguer cette démarche à sa banque en remettant l'effet à l'**encaissement**. Le compte 413 est ainsi crédité en contrepartie du débit du compte 5113 « effets à l'encaissement ».

La banque facture des **services bancaires** (compte 627, soumis à TVA) pour effectuer cette opération, la somme versée au fournisseur en est ainsi minorée. À la réception des fonds, le compte 5113 est crédité par le débit des comptes 512, 627 et 44566.

Le principal intérêt de la lettre de change est cependant qu'elle peut être utilisée comme **moyen de financement** avant son échéance.

En effet, le fournisseur peut avant cette date :

- **endosser l'effet** à l'ordre d'un de ses fournisseurs, c'est-à-dire lui céder contre une réduction de sa dette. Le compte 413 est ainsi crédité et le compte 401 « Dette fournisseur » est débité. Ce cas est cependant assez rare ;
- **escompter l'effet** à la banque (en endossant la lettre de change à l'ordre de la banque par le débit du compte 5114 « Effets à l'escompte » en contrepartie du crédit du compte 413) contre une avance des fonds. L'opération est plus coûteuse que l'encaissement, les **agios** prélevés sur la valeur nominale de l'effet comprenant en effet non seulement des services bancaires, mais aussi des **intérêts** (compte 6616 non soumis à TVA) calculés sur la durée du délai restant à courir jusqu'à l'échéance. À réception des fonds, le compte 5114 est ainsi crédité par le débit des comptes 512, 6616, 627 et 44566.

Ces opérations sont **neutres chez le client** où aucune écriture n'est enregistrée avant l'échéance.

Attention

La TVA est calculée sur les services bancaires mais pas sur les intérêts.

C. Les difficultés de recouvrement

Le client peut présenter des difficultés de paiement à l'échéance :

– cas 1 : le fournisseur n'est pas passé par sa banque (pour l'encaissement ou l'escompte), il **annule** alors l'effet (crédit du 413 et débit du 411) et en établit éventuellement un **nouveau** dont le montant est majoré d'**intérêts de retard** (compte 7631 « Revenus sur créances commerciales », **soumis à TVA**) ;

– cas 2 : le fournisseur est passé par sa banque pour l'encaissement ou l'escompte, cette dernière lui adresse un **avis d'impayé**, débite son compte du montant de l'effet et lui facture des frais supplémentaires. Le compte 512 dans l'entreprise est ainsi crédité en contrepartie du débit du compte 411 (pour son montant historique), du compte 627 et du compte 44566. La banque n'assure en effet pas l'entreprise contre le **risque de non-recouvrement**. L'entreprise **refacture** ensuite ces frais au client en augmentant la valeur de la créance qu'il détient sur lui (débit du compte 411) par le crédit des comptes 627 et 44566. Et, comme dans le cas précédent, elle peut établir une **nouvelle traite** sur son client majorée d'**intérêts de retard.**

FICHE 15

Exemple : le 14 janvier, une entreprise F tire une lettre de change sur son client C d'un montant de 1 000 € à échéance du 14 février. Le 15 janvier, F remet cette traite à l'escompte auprès de sa banque. Celle-ci lui facture des services bancaires pour 20 € HT et un taux d'escompte de 8 % annuels et lui crédite sur son compte la valeur nette de l'effet le 16 janvier. Au 14 février, C ne peut pas payer. La banque envoie un avis d'impayé à F dès le 15 février et lui facture 30 € HT de frais supplémentaires. Le 16 février, F envoie une nouvelle traite à C à échéance du 15 mars, majorée des frais d'impayés et d'intérêts de retard au taux de 5 % annuel.

Au journal de F

		Débit	Crédit
Tirage de la lettre de change le 14 janvier	413. Effet à recevoir 411. Créance client	1 000	 1 000
Remise à l'escompte le 15 janvier	5114. Effet à l'escompte 413. Effet à recevoir	1 000	 1 000
Virement de la valeur nette de l'effet par la banque le 16 janvier	512. Trésorerie 6616. Intérêts (1 000 × 0,08 × 30/360) 627. Frais bancaires 44566. TVA déductible (20 × 19,6 %) 5114. Effet à l'escompte	969,4 6,7 20 3,92	 1 000

		Débit	Crédit
Avis d'impayé le 15 février	411. Créance client 627. Frais bancaires 44566. TVA déductible (30 × 19,6 %) 512. Trésorerie	1 000 30 5,9	 1 035,9
Tirage d'une nouvelle lettre de change le 16 février	413. Effet à recevoir 411. Créance client 627. Frais bancaires 44566. TVA déductible ((30 + 4,2) × 0,196) 7631. Revenus sur créances commerciales (1 000 × 0,05 × 30/360)	1 040,9	 1 000 30 6,7 4,2

APPLICATIONS

QCM

Choisissez, parmi les propositions suivantes, la ou les bonne(s) réponse(s).

15.1. La trésorerie :

- ○ **a.** est toujours un emploi au sens comptable.
- ○ **b.** peut être une ressource au sens comptable.

15.2. Les VMP :

- ○ **a.** sont constitués uniquement par des placements à court terme.
- ○ **b.** peuvent recouvrir des actions.
- ○ **c.** ne sont jamais des obligations.

15.3. Si le solde du compte 512 est débiteur :

- ○ **a.** les débits ont été supérieurs aux crédits sur le compte 512.
- ○ **b.** les crédits ont été supérieurs aux débits sur le compte 512.
- ○ **c.** le compte de l'entreprise à la banque doit, sauf erreurs d'omissions ou décalages dans le temps, être également débiteur.

15.4. Les entreprises effectuent des états de rapprochement bancaire :

- ○ **a.** quand elles reçoivent le relevé de compte de la banque.
- ○ **b.** pour vérifier leur comptabilité.
- ○ **c.** pour vérifier le montant des frais imputés par la banque.

15.5. Un client peut :

- ○ **a.** tirer une lettre de change sur son fournisseur pour reconnaître sa dette.
- ○ **b.** signer une lettre de change tirée par son fournisseur.

15.6. Quand une entreprise remet une traite à l'encaissement :

- ○ **a.** elle reçoit les fonds correspondants minorés des agios avant l'échéance.
- ○ **b.** elle est protégée contre le risque de non-paiement.
- ○ **c.** elle s'épargne les démarches auprès de son client.

15.7. Si un client ne peut payer à l'échéance :

- ○ **a.** la lettre de change est annulée.
- ○ **b.** la dette est annulée.

15.8. Une entreprise remet un effet de 2 000 € à l'escompte deux mois avant son échéance. L'établissement financier facture 20 € HT de services bancaires et un taux d'intérêt de 7 % annuel. Que peut-on en conclure ?

- ○ **a.** Le compte 512 est débité de 1952,75 €.
- ○ **b.** Les agios s'élèvent à 47, 25 €.
- ○ **c.** L'entreprise s'appauvrit de 47,25 €.

Exercice 15.1. Comptabiliser les réductions commerciales et les lettres de change

Le 1er février, M envoie des marchandises à D, un de ses clients réguliers, accompagnées d'une facture comportant les éléments suivants :

Brut HT : 10 500 € Remise : 15 % Ristourne : 5 % Escompte : 7 % (règlement anticipé de D fixé en accord avec lui au 1er mars)

Le 5 février, à la suite d'une négociation entre les deux partenaires due à la réception de certains produits n'atteignant pas le niveau de qualité requis, D obtient de M une facture d'avoir comportant les éléments suivants :

Retour : 20 % des marchandises Rabais supplémentaire : 25 % sur la quantité conservée

Le 15 février, une nouvelle opération est conclue. M envoie des marchandises à D accompagnées d'une facture comportant les éléments suivants :

Brut HT : 20 000 € Remise : 20 %

M joint à cette livraison, le même jour, une lettre de change du montant net de la transaction à échéance du 15 avril. Cette lettre de change est immédiatement acceptée par D et renvoyée à M.

Le 16 février, M porte cette lettre de change à sa banque pour l'escompter. Il reçoit un bordereau d'escompte le 17 février mentionnant les éléments suivants :

Taux d'escompte : 8 %
Commissions : 100 € HT

Le 1er mars, D règle comme convenu son fournisseur, mais il subit ensuite d'importants problèmes de trésorerie et se retrouve dans l'impossibilité de payer sa traite le 15 avril. La banque de M se retourne alors vers ce dernier, exige le paiement de la somme et facture 50 € HT de frais supplémentaires.

À la suite de ces événements malheureux, M tire une nouvelle lettre de change sur D le 17 avril.

a. Établir les différentes factures et avoirs circulant entre les deux partenaires.

b. Enregistrer les conséquences comptables de ces différents événements chez M et D (sauf la dernière lettre de change, tirée le 17 avril).

c. Sans l'enregistrer en comptabilité, calculer le montant minimum de la nouvelle traite du 17 avril.

Remarque : pour l'ensemble des questions, arrondir les montants à l'euro près. La TVA est à 19,6 %.

Exercice 15.2. Découvrir un autre moyen de financement : l'affacturage

D'après l'extrait ci-après, expliquer quelle est la principale différence entre l'escompte et l'affacturage pour les entreprises.

> [...] L'affacturage est une solution de gestion du poste clients des entreprises, permettant à celles-ci de bénéficier de financements venant se substituer aux crédits bancaires classiques ou compléter ceux-ci.
> L'affacturage est fondé sur la cession des créances clients à un établissement spécialisé, le factor, qui permet à l'entreprise de faire face à ses besoins de trésorerie et d'être accompagnée dans toutes ses phases de développement. Ainsi l'affacturage comprend la garantie des clients, le recouvrement et la gestion des règlements.
> [...] L'entreprise a un intérêt à recourir à l'affacturage à chaque étape de son développement.
> En phase de démarrage, le financement de ses créances par un factor peut pallier une insuffisance de trésorerie ou de crédits bancaires. En phase de maturité et de développement du chiffre d'affaires, il y a de multiples raisons de s'adresser à un factor : pour se prémunir contre les défaillances des clients, pour se libérer des tâches administratives ou encore pour financer la croissance.
> [...] Comment ça marche ?
> 1. Votre client vous passe une commande.
> 2. Vous interrogez votre factor, qui, après analyse, vous attribue une ligne de garantie et vous couvre contre le risque d'insolvabilité de votre client. Votre client est généralement notifié, par vous-même et par le factor, qu'il devra régler ses factures auprès de la société d'affacturage.
> 3. Vous effectuez la livraison ou la prestation de service.
> 4. Vous facturez votre acheteur.

5. Vous transmettez vos créances à la société d'affacturage. Cette cession peut être dématérialisée.

6. Votre factor vous avance généralement jusqu'à 90 % du montant TTC des créances cédées, sous 48 heures. La partie non disponible est affectée à la constitution d'un fonds de garantie.

7. Votre factor procède aux relances et au recouvrement jusqu'à réception du règlement de la créance.

Extraits du livret « Affacturage : 10 questions / 10 réponses » publié par l'Association française des sociétés financières, www.asf-france.com

CORRIGÉS

QCM

15.1. ✓b. La trésorerie peut être négative, l'entreprise ayant un découvert bancaire. La banque fait alors crédit à l'entreprise, ce qui représente une ressource pour l'entreprise.

15.2. ✓a. ✓b. Les valeurs mobilières de placement sont constituées par les placements à court terme de trésorerie. Elles peuvent être constitués d'actions et d'obligations.

15.3. ✓a. Sur un compte en T, le solde est dit débiteur si les débits sont supérieurs aux crédits, il est cependant inscrit dans la colonne crédit afin d'obtenir une égalité entre les deux colonnes. Sur le relevé de compte la situation est toujours inversée. Si le compte est débiteur dans la comptabilité de l'entreprise il sera créditeur sur le relevé de comptes communiqué par la banque.

15.4. ✓a. ✓b. ✓c. L'état de rapprochement bancaire permet de vérifier à la fois ce qui est inscrit dans la comptabilité de l'entreprise et également ce qui est inscrit sur le relevé de comptes, il peut en effet y avoir des erreurs de part et d'autre.

15.5. ✓b. C'est toujours le fournisseur qui tire la lettre de change sur le client. Celui-ci peut ensuite la signer. Ce n'est pas le client qui a l'initiative de la démarche.

15.6. ✓c. La remise à l'encaissement se fait à l'échéance de la traite. Contrairement à l'escompte, il ne permet donc pas de récupérer les fonds avant l'échéance. Il n'est pas non plus une protection contre l'insolvabilité du client. En effet si le client ne paye pas, la banque se retourne vers le fournisseur. L'intérêt de la remise à l'encaissement réside pour l'entreprise dans le fait de s'épargner les démarches auprès de son client. Ce service a un coût (services bancaires).

15.7. ✓a. C'est la traite (le document) qui va être annulée et éventuellement remplacée par une nouvelle à échéance plus lointaine et en général majorée d'effets de retard. La dette qu'a le client envers le fournisseur n'est pas annulée avec la traite.

15.8. ✓a. ✓b. Les agios, qui représentent la somme retenue par la banque sur le total de l'effet, s'élèvent à : 2 000 × 0,07 × 60/360 + 20 × 1,196 soit 47, 25 €. Le compte 512 est donc débité de 2 000 – 47,25, soit 1 952, 75 €. En revanche, une partie des agios n'est pas enregistrée dans les charges (la TVA). L'entreprise s'appauvrit donc d'un montant inférieur : 47,25 – (0,196 × 20) soit 43,33 €.

Exercice 15.1. Comptabiliser les réductions commerciales et les lettres de change

a. Documents circulant entre les deux partenaires

M. M
Doit
M. D

Facture du 01/02

Brut HT :	10 500 €
Remise de 15 % :	10 500 × 0,15= 1 575 €
Ristourne de 5 % :	(10 500 – 1 575) × 0,05 = 446 €
Net commercial :	(10 500 – 1575 – 446) = 8 479 €
Escompte de 7 % :	8 479 × 0,07 = 594 €
Net financier :	8 479 – 594 = 7 885 €
TVA :	1 545 €
Net TTC :	9 430 €

M. M
Avoir
M. D

Avoir du 05/02

Retour de 20 % des marchandises :	8 479 × 0,2 = 1 696 €
Rabais supplémentaire de 25 % sur la quantité conservée :	0,25 × (8 479 – 1 696) = 1 696 €
Ajustement de l'escompte (à soustraire) :	(1 696 + 1 696) × 0,07 = 237 €
TVA :	(1 696 + 1 696 – 237) × 0,196 = 618 €
--	
Net à votre crédit :	3 773 €

M. M
Doit
M. D

Facture du 15/02

Brut HT :	20 000 €
Remise de 20 % :	20 000 × 0,2 = 4 000 €
Net commercial :	(20 000 – 4 000) = 16 000 €
TVA :	16 000 × 0,196 = 3 136 €
Net TTC :	19 136 €

b. Conséquences comptables

Au journal chez M (le fournisseur)

		Débit	Crédit
Facture du 1er février	411. Créance client	9 430	
	707. Vente de marchandises		8 479
	665. Escompte accordé	594	
	44571. TVA collectée		1545
Avoir du 5 février	707. Vente de marchandises	1 696	
	7097. RRR accordés	1 696	
	665. Escompte accordé		237
	44571. TVA collectée	618	
	411. Client		3 773
Facture du 15 février	411. Créance client	19 136	
	707. Vente de marchandises		16 000
	44571. TVA collectée		3 136
Tirage de la lettre de change le 15 février	413. Effet à recevoir	19 136	
	411. Créance client		19 136
Remise à l'escompte le 16 février	5114. Effet à l'escompte	19 136	
	413. Effet à recevoir		19 136
Virement de la valeur nette de l'effet par la banque le 17 février	512. Trésorerie	18 769	
	6616. Intérêts (19136 × 0.08 × 58/360)	247	
	627. Frais bancaires	100	
	44566. TVA déductible (100 × 19,6%)	20	
	5114. Effet à l'escompte		19 136
Règlement de la facture n°1 le 1er mars	512. Trésorerie	9 430	
	411. Créance client		9 430
Avis d'impayé le 15 avril	411. Créance client	19 136	
	627. Frais bancaires	50	
	44566. TVA déductible (50 × 19,6%)	10	
	512. Trésorerie		19 196

Au journal chez D (le client)

		Débit	Crédit
Facture du 1er février	607. Achats de marchandises	8 479	
	44566. TVA déductible	1 545	
	765. Escompte obtenu		594
	401. Dette fournisseur		9 430
Avoir du 5 février	607. Achat de marchandises		1 696
	6097. RRR obtenus		1 696
	44566. TVA déductible		618
	765. Escompte obtenu	237	
	401. Dette	3 773	
Facture du 15 février	607. Achat de marchandises	16 000	
	44566. TVA déductible	3 136	
	401. Dette fournisseur		19 136
Tirage de la lettre de change le 15 février	401. Dette fournisseur	19 136	
	403 Effet à payer		19 136
Règlement de la facture n° 1 le 1er mars	401 Dette fournisseur	9 430	
	512. Trésorerie		9 430

c. Montant de la nouvelle traite

Le montant de la nouvelle traite du 17 avril doit couvrir au moins le montant de la dette de départ et les frais d'impayé facturés par la banque, soit 19 196 €. À ce montant, s'ajouteront sans doute des intérêts de retard en fonction de la nouvelle date sur laquelle les deux partenaires se seront mis d'accord.

Exercice 15.2. Découvrir un autre moyen de financement : l'affacturage

L'affacturage est, comme l'escompte, un moyen de financement à court terme pour les entreprises : il permet d'obtenir de la trésorerie en échange d'une traite sur un client.

La différence essentielle avec l'escompte consiste dans le transfert du risque de non-recouvrement à l'entreprise d'affacturage. Celle-ci s'occupe elle-même du recouvrement, alors que dans le cas d'un escompte la banque se retourne vers le fournisseur si le client ne paye pas.

Cet avantage a bien sûr un coût, l'entreprise d'affacturage faisant également payer à l'entreprise une prime correspondant au risque transféré.

FICHE 16

Les opérations en devises

Une entreprise peut acheter ou vendre des biens à l'étranger en **devises**. Ses comptes étant tenus en **euros**, elle doit **convertir** les sommes dans sa comptabilité.

> **Exemple :** une entreprise achète le 15 novembre pour 1 000 $ de biens au comptant. Au moment de la facturation, 1 € valant 1,30 $, elle enregistre un achat de 1 000/1,30 = 769,20 € dans sa comptabilité.

1 Date de facturation et date de règlement

Si elle bénéficie (ou accorde) des **délais de paiement,** le cours de la devise évoluant entre la date de la facture et la date du règlement, l'entreprise peut réaliser un **gain** ou **une perte de change**.

Si l'entreprise clôture ses comptes entre la date de la facturation et la date de règlement, elle doit tenir compte du cours de la devise à la date d'inventaire et enregistrer des **gains** ou **pertes latents** (principe de l'image fidèle : les comptes doivent refléter au mieux la réalité de la situation financière de l'entreprise).

> **Exemple :** l'entreprise bénéficie d'un délai de paiement de deux mois pour payer sa dette. Au 31 décembre N, à la clôture des comptes, le cours de l'euro par rapport au dollar est le suivant : 1 € = 1,25 $, l'entreprise doit enregistrer une perte latente de 1 000/1,25 – 769,20 = 30,80 €. Au 15 janvier N+1, à la date de règlement, l'euro s'est redressé et vaut 1,35 $. L'entreprise réalise alors un gain certain d'un montant de 769,20 – 1 000/1,35 = 28,40 €.

Figure 16.1. Les dates de facturation, de clôture des comptes et de règlement

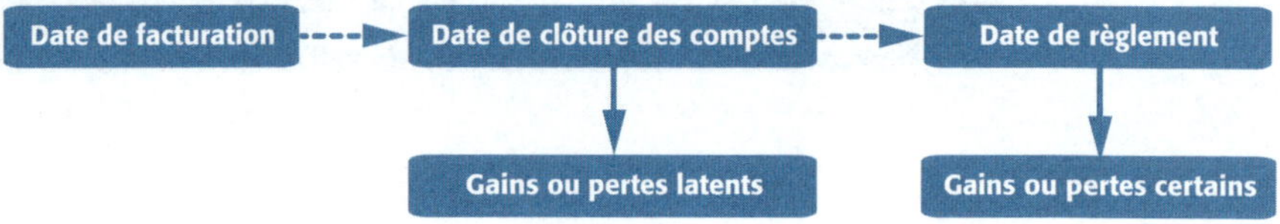

2 Gains et pertes de change

Si l'entreprise a **une dette en devises**, elle réalise un **gain de change** si le cours de l'euro augmente par rapport au cours de la devise. À l'inverse, elle réalise une **perte de change** si le cours de l'euro baisse par rapport au cours de la devise.

En revanche, si l'entreprise a une **créance** en devises, elle réalise un **gain** si le cours de l'euro baisse et une **perte** s'il augmente.

Tableau 16.1. Les gains et pertes de change

	Le cours de l'euro augmente par rapport à la devise	Le cours de l'euro baisse par rapport à la devise
L'entreprise a une dette en devises	Gain de change	Perte de change
L'entreprise a une créance en devises	Perte de change	Gain de change

Les gains de change, en enrichissant l'entreprise, représentent un produit, ils sont enregistrés en produits financiers au compte 766 « Gains de change ». Les pertes de change sont enregistrées en charges financières, au compte 666 « Pertes de change ».

Exemple : au 15 janvier, au journal, l'entreprise enregistrera l'écriture suivante :

	Débit	Crédit
401. Dette fournisseur	769,2	
766. Gains de change		28,4
512. Trésorerie		740,8

3 Gains et pertes latents

Le bonne compréhension des gains et pertes latents nécessite la connaissance de la notion de provision (fiche 21).

Pour respecter le **principe de l'image fidèle**, l'entreprise doit à l'**inventaire** passer les écritures nécessaires pour que ses comptes reflètent la situation financière de l'entreprise la plus précise possible.

A. Les comptes d'attente

La **comptabilisation** des pertes et gains latents se fait au **bilan** par la modification des montants des comptes de créances ou de dettes en contrepartie de la création de **comptes d'attente**. L'opération est neutre pour les capitaux propres.

Attention

Les écritures concernant les comptes d'écarts de conversion 476 et 477 sont contrepassées (c'est-à-dire passées en sens contraire) à l'ouverture le 01/01 suivant.

FICHE 16

Tableau 16.2. Les comptes d'attente

	Le cours de l'euro augmente par rapport à la devise	Le cours de l'euro baisse par rapport à la devise
L'entreprise a une dette en devises	**Gain de change latent** (dette potentiellement plus faible) : – débit du compte dette **– crédit du compte 477**	**Perte de change latente** (dette potentiellement plus importante) : – crédit du compte dette **– débit du compte 476**
L'entreprise a une créance en devises	**Perte de change latente** (créance potentiellement plus faible) : – crédit du compte créance **– débit du compte 476**	**Gain de change latent** (créance potentiellement plus importante) : – débit de la créance **– crédit du compte 477**

Les gains latents

Ils sont enregistrés au passif (ils constituent une nouvelle ressource pour l'entreprise) au compte d'attente **477** « **Écart de conversion passif** ». N'étant pas certains, les gains latents ne rentrent pas dans les capitaux propres.

Deux cas de figure se présentent :

- si l'entreprise a une dette en devises, elle débite la dette du gain latent et crédite le compte 477. L'opération est **neutre** pour le total du passif ;
- si l'entreprise a une créance en devises, elle débite la créance du gain latent et crédite le compte 477. L'opération **augmente** le total de l'actif et le total du passif.

Les pertes latentes

Elles sont enregistrées à l'**actif** au compte d'attente 476 « **Écart de conversion actif** » afin de mettre en évidence les sommes que l'entreprise pourrait perdre.

Puisqu'elles ne sont pas certaines, les pertes latentes ne sont pas déduites de l'actif.

Deux cas de figure se présentent :

– si l'entreprise a une dette en devises, elle crédite la dette de la perte latente et débite le compte 476. L'opération **augmente** le total de l'actif et le total du passif ;
– si l'entreprise a une créance en devises, elle crédite la créance de la perte latente et débite le compte 476. L'opération est **neutre** pour le total de l'actif.

Exemple : au 31 décembre N, l'entreprise constate une perte latente de 30,80 €, qui correspond à une augmentation potentielle de la dette. L'entreprise crédite le compte dette et débite le compte 476 « Écart de conversion actif ».

	Débit	Crédit
476. Écart de conversion actif	30,8	
401. Dette fournisseur		30,8

Au 1er janvier N+1, l'écriture est contrepassée.

	Débit	Crédit
401. Dette fournisseur	30,8	
476. Écart de conversion actif		30,8

B. La provision pour pertes de change

Pour respecter le **principe de prudence** :

– les pertes latentes sont enregistrées également au compte de résultat en **provision** (compte 6865 « Dotations aux provisions financières ») en **contrepartie** du compte 1515 « Provisions pour pertes de change ») ;
– les gains latents ne sont pas enregistrés au résultat.

... À retenir ...

Cette provision a par construction un impact sur le résultat et les capitaux propres, à l'inverse des comptes d'attente mentionnés précédemment.

Cette provision est **reprise** à la **date du règlement**, quand elle n'a plus d'objet, par le crédit du compte **7865** « Reprises sur provisions financières ».

Exemple : au 31 décembre N, l'entreprise doit également comptabiliser la dotation aux provisions relative à cette perte de change latente.

	Débit	Crédit
6865. Dotations aux provisions financières	30,8	
1515. Provisions pour pertes de change		30,8

Attention

La comptabilisation des écarts de conversion (gains ou pertes de change latents) ainsi que celle de la provision éventuelle pour perte de change font partie des opérations d'inventaire. Elles sont traitées ici car les opérations en devises ne peuvent pas s'y rattacher dans leur totalité.

APPLICATIONS

QCM

Choisissez, parmi les propositions suivantes, la ou les bonne(s) réponse(s).

16.1. Un gain de change à la date de règlement :

- ○ **a.** doit être comptabilisé en produits.
- ○ **b.** ne doit pas être comptabilisé au compte de résultat au nom du principe de prudence.

16.2. Une perte de change certaine doit :

- ○ **a.** être enregistrée en charges au compte 666.
- ○ **b.** être enregistrée en charges au compte 6865.
- ○ **c.** être enregistrée au passif au compte 1515.

16.3. Le compte 1515 est :

- ○ **a.** un compte de dépréciation.
- ○ **b.** un compte de provision.
- ○ **c.** un compte de passif.
- ○ **d.** un compte de capitaux propres.

16.4. Si le cours de l'euro baisse par rapport au dollar :

- ○ **a.** l'entreprise fait une perte latente sur ses créances en dollars.
- ○ **b.** l'entreprise fait une perte latente sur ses dettes en dollars.

16.5. Le compte 476 :

- ○ **a.** ne concerne que les dettes.
- ○ **b.** ne concerne que les pertes de change latentes.
- ○ **c.** est un compte qui peut s'inscrire au passif et à l'actif.

16.6. Si une entreprise débite le compte 476 :

- ○ **a.** elle doit nécessairement enregistrer une dotation aux provisions du même montant.
- ○ **b.** le total de son passif augmente.

16.7. Si une entreprise a une dette en dollars et que le dollar baisse par rapport à l'euro :

- ○ **a.** elle débitera le compte 476.
- ○ **b.** elle débitera le compte 477.
- ○ **c.** elle créditera le compte 476.
- ○ **d.** elle créditera le compte 477.

Exercice. Comptabiliser les écarts de conversion liés aux créances en devises

Le 15 octobre N, l'entreprise X, située en France, vend pour 2 000 £ de biens à son client anglais Y.

À la date de facturation, le cours de la livre par rapport à l'euro est de 1 € = 0,8 £.

Elle accorde un délai de paiement de trois mois à son client.

Au 31 décembre N, à l'inventaire, le cours est de 1 € = 0,7 £.

Au 15 janvier N+1, à la date de règlement, le cours est de 1 € = 0,72 £.

Enregistrer les opérations relatives à cette opération dans la comptabilité de X du 15 octobre N au 15 janvier N+1.

CORRIGÉS

QCM

16.1. ✓ a. Un gain de change à la date du règlement est certain, il doit donc être enregistré en produits au compte 766 « Gains de change ». Il augmente le résultat en enrichissant l'entreprise.

16.2. ✓a. Une perte de change certaine doit être enregistrée en charges financières au compte 666 « Pertes de change ». Le compte 6865 concerne les dotations aux provisions financières en charges (quand la perte est latente et non certaine) et le compte 1515 est le compte de provision correspondant au passif. En cas de perte latente, l'entreprise débite le 6865 et crédite le 1515.

16.3. ✓b. ✓c. Le compte 1515 est le compte de provision pour pertes de change au passif. Ce n'est pas un compte de dépréciation. Les dépréciations concernent les diminutions potentielles des comptes d'actif et sont enregistrées à l'actif soustractif. Le compte 1515 est un compte de provision car il peut concerner des baisses potentielles de compte d'actif (comme les créances) mais aussi des augmentations potentielles de comptes de passif (comme les dettes). C'est un compte distinct des capitaux propres par construction : l'objectif des provisions est de mettre des sommes en réserve à l'écart des capitaux propres.

16.4. ✓b. Si le cours de l'euro baisse par rapport au dollar, les dettes en dollars pèseront plus lourd pour l'entreprise (pertes de change potentielles). En revanche, ses créances en dollars représenteront un actif plus important une fois converties en euros (gains de change potentiels).

16.5. ✓b. Le compte 476 « Écart de conversion actif » est un compte d'actif permettant d'enregistrer les pertes de change potentielles. Si l'entreprise a une dette en devises et que le cours de l'euro baisse par rapport à la devise, l'entreprise crédite le compte de dette et débite le compte 476. Si l'entreprise a une créance en devises et que le cours de l'euro augmente par rapport à la devise, l'entreprise crédite le compte de créance et débite le compte 476.

16.6. ✓a. Le compte 476, comptabilisant les « écarts de conversion actif », est utilisé en cas de pertes de change latentes. Ces pertes de change latentes (à l'inverse des gains de change latents) doivent également être enregistrées au compte de résultat, en faisant l'objet d'une dotation aux provisions financières (débit du 6865 et crédit du 1515). Le compte 476 à l'actif peut être débité en contrepartie du crédit d'un compte de créance ou du crédit d'un compte de dette. Le total du passif peut donc augmenter mais ce n'est pas nécessairement le cas. Par ailleurs, la dotation aux provisions fait baisser le résultat mais en contrepartie l'entreprise comptabilise une provision au passif. Cette dernière opération est donc neutre pour le total du passif.

16.7. ✓d. Si l'entreprise a une dette en dollars et que le dollar baisse par rapport à l'euro, l'entreprise réalise un gain de change latent, sa dette convertie en euros étant moins importante. Les gains de change latents sont enregistrés au passif au crédit du compte 477 « Écart de conversion passif ». L'entreprise débite son compte de dette (qui est ainsi diminué) et crédite le 477.

Exercice. Comptabiliser les écarts de conversion liés aux créances en devises

Au journal de X

		Débit	Crédit
Facture du 15/10/N	411. Créance client (= 2 000/0,8) 707. Vente de marchandises	2 500	 2 500
31/12/N	411. Créance client (2 000/0,7 – 2 000/0,8) 477. Écart de conversion passif	357	 357
01/01/N+1	477. Écart de conversion passif 411. Créance client	357	 357
15/01/N+1	512. Trésorerie (2 000/0,72) 411. Créance client 766. Gains de change	2 778	 2 500 278

Commentaires

- Au 31/12/N, l'entreprise a un gain de change latent. En effet, la livre a augmenté par rapport à l'euro, le montant de la créance converti en euros est donc plus important. Ce gain de change latent s'enregistre au compte de passif 477 « Écart de conversion passif ».
- Au 01/01/N+1, l'entreprise doit contrepasser les écritures du 31/12/N relatives aux écarts de conversion.
- Au 15/01/N+1, l'entreprise réalise un gain certain qui est comptabilisé en produits. Il est rappelé que le gain de change latent n'affecte pas le compte de résultat (principe de prudence).

ICHE 17

Les opérations courantes, le résultat et la variation de trésorerie

1 Les opérations courantes affectant la trésorerie et non le résultat

Certaines opérations enregistrées au bilan affectent le montant de la trésorerie mais n'ont aucun impact sur le résultat.

A. Au passif

Quatre types d'opérations sont concernés :

- **apports** et **augmentations ultérieures du capital social** (compte 101), **subventions d'investissement** (compte 13). Ils font augmenter la trésorerie et les capitaux propres mais pas le résultat (qui est une partie distincte des capitaux propres enregistrée au compte 12). La **distribution de dividendes** entraîne, quant à elle, une baisse de la trésorerie et des capitaux propres mais n'affecte pas le résultat. Le résultat est déterminé avant tout projet de distribution et le choix pour les actionnaires se fait entre dividendes et augmentation des réserves (compte 106) ;
- **souscriptions d'emprunt**. Elles augmentent la trésorerie mais pas le résultat. Le remboursement du capital fait diminuer la trésorerie, mais n'a pas de conséquence sur le résultat, contrairement aux intérêts qui sont enregistrés dans les charges (compte 661) ;
- **paiement des dettes**. Il diminue la trésorerie mais pas le résultat ;
- **collecte de la TVA**. Elle augmente uniquement la trésorerie mais pas le résultat.

B. À l'actif

Quatre types d'opérations sont concernés :

- **achats d'immobilisations**. Ils entraînent une baisse de la trésorerie mais n'ont pas d'impact sur le résultat (absence d'appauvrissement de l'entreprise) ;
- **paiement des créances**. Il engendre une augmentation de la trésorerie mais n'affecte pas le résultat ;

FICHE 17

– **avances et acomptes**. L'entreprise qui avance des sommes à ses salariés ou paie des acomptes à l'administration fiscale ou à ses fournisseurs enregistre une baisse de trésorerie en contrepartie de la naissance d'une créance. Les avances et acomptes ne sont pas comptabilisés dans les charges ;
– **paiement de la TVA**. Il fait diminuer la trésorerie mais pas le résultat car la TVA est déductible et peut donc être récupérée.

Figure 17.1. Les opérations courantes enregistrées au bilan n'affectant pas le résultat

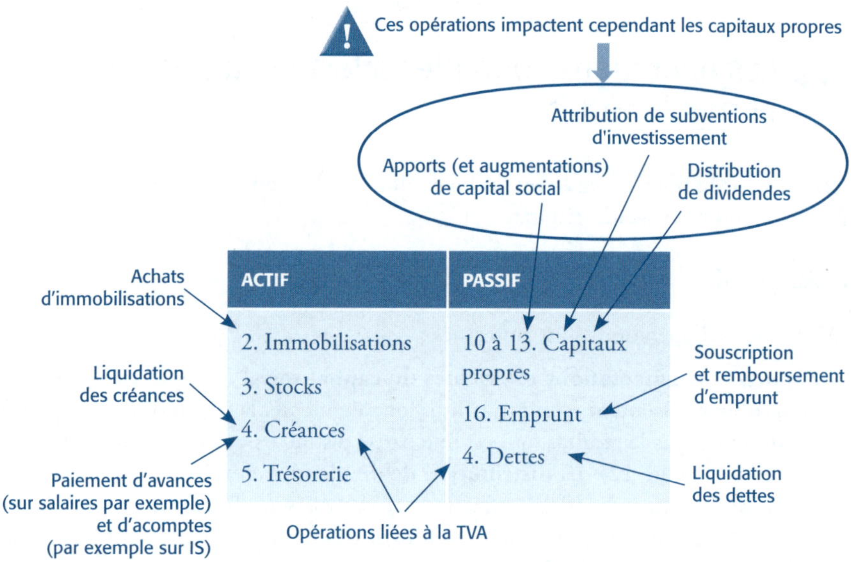

2 Les opérations courantes affectant le résultat et non la trésorerie

Certaines opérations courantes enregistrées au compte de résultat n'ont aucun impact sur la trésorerie. Il s'agit :
– des opérations d'**achat/vente à crédit** ;
– des cessions d'immobilisations. Le **prix de la cession** est enregistré dans les produits. Il fait ainsi augmenter le résultat mais aussi la trésorerie. Il convient également d'enregistrer dans les charges la **valeur nette comptable** (VNC) de l'immobilisation cédée car le véritable produit est constitué par la **plus-value** entre le prix de cession et la VNC. Le résultat n'augmente donc que de la plus-value alors que la trésorerie augmente du prix de cession.

Figure 17.2. Les opérations courantes enregistrées au compte de résultat n'affectant pas la trésorerie

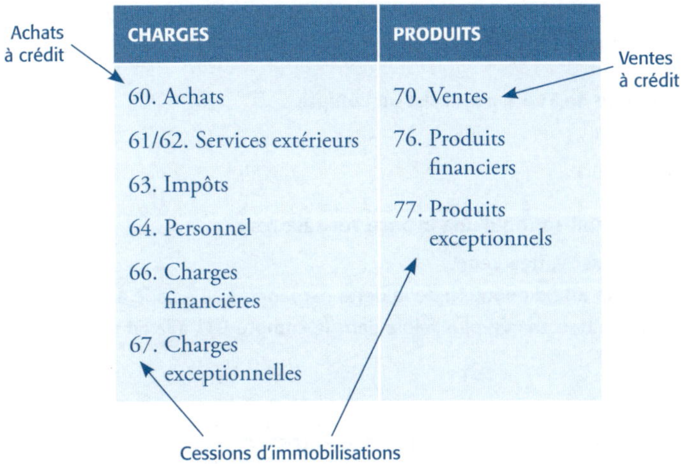

APPLICATIONS

QCM

Choisissez, parmi les propositions suivantes, la ou les bonne(s) réponse(s).

17.1. L'attribution de subventions :

○ **a.** fait augmenter la trésorerie.
○ **b.** n'augmente jamais le résultat.

17.2. Les annuités d'emprunt font diminuer :

○ **a.** la trésorerie.
○ **b.** le résultat.

17.3. Le compte 13 est un compte de :

○ **a.** capitaux propres.
○ **b.** provision.
○ **c.** passif.

17.4. Une entreprise ne peut distribuer de dividendes si :

○ **a.** son résultat est négatif.
○ **b.** ses réserves sont négatives.
○ **c.** elle n'a pas assez de trésorerie.
○ **d.** elle n'a pas l'accord de ses actionnaires.

17.5. La comptabilisation d'un écart de conversion (comptes 476 et 477) :

○ **a.** fait baisser la trésorerie.

○ **b.** fait baisser le résultat.

○ **c.** doit être complétée par une dotation aux provisions financières si cet écart est inscrit à l'actif.

17.6. Le compte de TVA à payer est un compte :

○ **a.** de dette.

○ **b.** de créance.

17.7. La comptabilisation d'une avance sur salaires :

○ **a.** fait baisser la trésorerie.

○ **b.** entraîne une diminution de la dette par rapport au salarié à la fin du mois.

○ **c.** entraîne une charge plus faible dans le compte 641 à la fin du mois.

Exercice. Maîtriser les opérations courantes

Enregistrer au journal de l'entreprise ABC toutes les opérations relatives au mois de septembre N décrites ci-après :

- 01/09 : vente de marchandises au client Martin pour un montant de 3 014 € HT. Le client règle pour moitié à crédit et pour moitié au comptant.
- 01/09 : paiement d'intérêts bancaires pour un montant de 1 520 €.
- 02/09 : envoi au client Bally d'une facture d'un montant de 2 016,72 € HT suite à la vente de marchandises. Le règlement s'effectue à crédit.
- 03/09 : vente de marchandises à crédit à un client italien pour un montant de 990 € HT.
- 04/09 : vente de produits au client Durand pour un montant de 8 420 € HT. Après négociations, une remise de 5 % et un rabais de 2 % sont accordés. Le client règle à crédit.
- 08/09 : réception de la facture d'un fournisseur d'immobilisation suite à l'acquisition d'un matériel industriel. Le coût du matériel est de 80 000 € HT. Un escompte de règlement de 1 % est accordé.
- 10/09 : tirage par l'entreprise ABC sur son client Bally d'une lettre de change à échéance 30 octobre.
- 13/09 : réception d'une facture suite à l'achat de bidons d'huile alimentaire à un fournisseur domicilié à Lyon. Montant de la facture : 350 bidons à 37 € le bidon. Remise : 5 %. Taux de TVA à 5,5 %.
- 13/09 : règlement des cotisations sociales salariales et patronales aux organismes sociaux au titre du mois d'août pour un montant de 74 890 €.

- 14/09 : octroi par ABC d'avances sur le salaire du mois de septembre à plusieurs salariés pour un montant total de 7 480 €.
- 16/09 : renvoi d'un tiers des marchandises au fournisseur lyonnais en raison d'une mauvaise qualité de l'huile.
- 21/09 : réception d'une facture d'avoir du fournisseur lyonnais suite au retour des marchandises. Un rabais supplémentaire de 5 % est accordé.
- 22/09 : annonce par le client Lion de l'impossibilité de régler à l'entreprise ABC le montant d'un effet de commerce de 7 500 € à l'échéance du 30 septembre. Cet effet est annulé et un autre effet est tiré à échéance du 31 octobre. Les intérêts de retard sont calculés sur la base d'un taux annuel de 12 %.
- 25/09 : réception d'un avis d'impayé de la banque pour une lettre de change tirée sur le client Frelon, échéance 20/09 mentionnant 80 € de frais. La lettre de change d'un montant de 4 210 € avait été remise à l'escompte le 18 août.
- 28/09 : réception d'un avis provenant du fournisseur de l'immobilisation indiquant la création d'un effet de commerce à partir de la créance créée le 08/09.
- 30/09 : comptabilisation par l'entreprise des salaires du mois de septembre.

Détail :

- salaires bruts : 101 587 € ;
- primes accordées : 5 387 € ;
- cotisations sociales salariales :
  - sécurité sociale : 18 020 € ;
  - autres organismes sociaux : 15 987 € ;
- cotisations sociales patronales :
  - sécurité sociale : 28 841 € ;
  - autres organismes sociaux : 15 120 €.

Remarque : Les salaires nets ne seront versés que le 1er octobre aux salariés.

CORRIGÉS

QCM

17.1. ✔ **a.** L'attribution de subventions augmente la trésorerie mais l'impact au résultat dépend du type de subventions. Les subventions d'investissement ne sont pas inscrites en produits, à l'inverse des subventions d'exploitation.

17.2. ✔ **a.** ✔ **b.** Les annuités d'emprunt entraînent un décaissement mais aussi une diminution du résultat car une partie de l'annuité est composée par les intérêts qui sont inscrits en charges. La partie correspondant au remboursement du capital ne fait en revanche pas diminuer le résultat.

17.3. ✅ a. ✅ c. Le compte 13 est le compte de subventions d'investissement ; il est classé au passif parmi les capitaux propres car il augmente les ressources propres de l'entreprise (les subventions n'ont en effet pas à être remboursées). Les provisions sont enregistrées dans les comptes 14 et 15. Ce sont aussi des comptes de passif mais ils n'appartiennent pas aux capitaux propres.

17.4. ✅ d. La distribution de dividendes est décidée en assemblée générale ordinaire par les actionnaires. Seul le bénéfice distribuable peut être distribué, c'est-à-dire la somme du résultat de l'année minorée des dotations aux réserves obligatoires, augmentée des reports bénéficiaires et minorée des reports déficitaires. Un résultat positif n'est pas une condition nécessaire. Il n'est pas non plus besoin de disposer de la somme en trésorerie. L'entreprise peut tout à fait emprunter pour payer ses dividendes.

17.5. ✅ c. Le compte 476 « Écart de conversion actif » est un compte d'actif permettant d'enregistrer les pertes de change potentielles. Si l'entreprise a une dette en devises et que le cours de l'euro baisse par rapport à la devise, l'entreprise crédite le compte de dette et débite le compte 476. Si l'entreprise a une créance en devises et que le cours de l'euro augmente par rapport à la devise, l'entreprise crédite le compte de créance et débite le compte 476. Sa comptabilisation ne fait ni baisser la trésorerie ni baisser le résultat. Cependant, la constatation de ces pertes de change latentes doit être complétée par une dotation aux provisions financières (débit du compte 6865 et crédit du compte 1515), qui fait baisser le résultat.

17.6. ✅ a. Le compte de TVA à payer enregistre la différence, quand elle est positive, entre la TVA collectée et la TVA déductible. Il représente la dette nette de TVA dont l'entreprise doit s'acquitter auprès de l'État.

17.7. ✅ a. ✅ b. Si une entreprise accorde une avance sur salaires à un salarié, sa trésorerie diminue. En revanche, cela n'affecte pas son résultat, les charges de personnel seront intégralement comptabilisées à la fin du mois. La conséquence de l'avance est que la dette qu'elle a envers le salarié à la fin du mois sera minorée de l'avance consentie plus tôt dans le mois.

Exercice. Maîtriser les opérations courantes

- 01/09 : vente de marchandises au client Martin pour un montant de 3 014 € HT. Le client règle pour moitié à crédit et pour moitié au comptant.

  Montant de la TVA : 590,74 €.

  Montant TTC : 3 604,74 € ➞ à crédit : 1 802,37 € et au comptant : 1 802,37 €.

Compte		Débit	Crédit
411. Créance clients		1 802,37	
512. Banque		1 802,37	
	707. Vente de marchandises		3 014
	4457. TVA collectée		590,74

– 01/09 : paiement d'intérêts bancaires pour un montant de 1 520 €.

Pas de TVA sur les intérêts bancaires

661. Charges d'intérêt		1 520	
	512. Banque		1 520

– 02/09 : envoi au client Bally d'une facture d'un montant de 2 016,72 € HT suite à la vente de marchandises. Le règlement s'effectue à crédit.

Montant de la TVA : 395,28 €.
Montant TTC : 2 412 €.

411. Créance client Bally		2 412	
	707. Vente de marchandises		2 016,72
	4457. TVA collectée		395,28

– 03/09 : vente de marchandises à crédit à un client italien pour un montant de 990 € HT.

Pas de TVA sur les exportations.

411. Créance clients		990	
	707. Vente de marchandises		990

– 04/09 : vente de produits au client Durand pour un montant de 8 420 € HT. Après négociations, une remise de 5 % et un rabais de 2 % sont accordés.

Montant brut : 8 420 €.
Remise de 5 % : 421 €.
Rabais de 2 % : 159,98 €.
Net commercial : 7 839,02 €.
TVA : 1 536,45 €.
Montant TTC : 9 375,47 €.

411. Créance clients		9 375,47	
	701. Vente de produits		7 839,02
	4457. TVA collectée		1 536,45

– 08/09 : réception de la facture d'un fournisseur d'immobilisation suite à l'acquisition d'un matériel industriel. Le coût du matériel est de 80 000 € HT. Un escompte de règlement de 1 % est accordé.

Net financier : 79 200 €. L'escompte de 800 € doit être enregistré séparément. La TVA est calculée sur le net financier.

2154. Matériel industriel		80 000	
44562. TVA sur immobilisation		15 523,2	
	765. Escompte obtenu		800
	404. Fournisseur d'immobilisation		94 723,2

– 10/09 : l'entreprise ABC tire sur son client Bally une lettre de change à échéance du 30 octobre.

413. Client, effet à recevoir	2 412	
411. Créance, client Bally		2 412

– 13/09 : réception d'une facture suite à l'achat de bidons d'huile alimentaire à un fournisseur domicilié à Lyon. Montant de la facture : 350 bidons à 37 € le bidon. Remise : 5 %.

Montant brut = 350 × 37 = 12 950 €.
Net commercial = 12 950 × 0,95 = 12 302,5 €.
Montant TVA = 12 302,5 × 0,055 = 676,64 €.

601. Achat de matières premières	12 302,5	
4456. TVA déductible	676,64	
401. Dettes fournisseurs		12 979,14

– 13/09 : règlement des cotisations sociales salariales et patronales aux organismes sociaux au titre du mois d'août pour un montant de 74 890 €.

43. Sécurité sociale et organismes sociaux	74 890	
512. Banque		74 890

– 14/09 : l'entreprise ABC accorde à plusieurs employés des avances et acomptes sur le salaire du mois de septembre pour un montant de 7 480 €.

425. Avances sur salaires	7 480	
512. Banque		7 480

– 16/09 : renvoi d'un tiers des marchandises au fournisseur lyonnais en raison d'une mauvaise qualité de l'huile. Pas d'écriture (pas de facture comme moyen de preuve).

– 21/09 : réception d'une facture d'avoir du fournisseur lyonnais suite au retour des marchandises. Un rabais supplémentaire de 5 % est accordé.

Retour de marchandises = 12 302,50 × 1/3 = 4 100,83 €.
Montant du rabais : (12 302,50 – 4 100,83) × 0,05 = 410,08 €.
Net commercial de la facture d'avoir : 4 100,83 + 410,08 = 4 510,91 €.
Taux de TVA : 5,5 %.

401. Fournisseurs	4 759,01	
607. Achat de marchandises		4 100,83
609. RRR obtenus		410,08
4456. TVA déductible		248,10

– 22/09 : le client Lion avise l'entreprise ABC qu'il ne pourra pas régler le montant d'un effet de commerce de 7 500 € à échéance au 30 septembre. L'entreprise n'avait ni remis à l'escompte, ni endossé l'effet. Il est donc annulé et un autre effet est tiré à échéance du 31 octobre. Les intérêts de retard sont calculés sur la base d'un taux annuel de 12 %.

Le décalage de l'échéance est d'un mois (octobre). Il convient alors de calculer les intérêts sur ce décalage. Calcul des intérêts : 7 500 × 0,12 × 1/12 = 75 €.

– Annulation de l'effet de commerce –		
411. Créance clients	7 500	
413. Client, effet à recevoir		7 500
– Constatation des intérêts de retard –		
411. Créance clients	89,7	
763. Revenus des autres créances		75
4457. TVA collectée		14,7
– Création de l'effet de commerce –		
413. Client, effet à recevoir	7 589,5	
411. Client		7 589,5

– 25/09 : réception d'un avis d'impayé de la banque pour une lettre de change tirée sur le client Frelon, échéance 20/09 mentionnant 80 € de frais. La lettre de change d'un montant de 4 210 € avait été remise à l'escompte le 18/08. Un nouvel effet est ensuite créé.

– Règlement des frais bancaires –		
627. Services bancaires	80	
4456. TVA déductible	15,68	
512. Banque		95,68
– Reprise du montant de la créance impayée –		
411. Créance clients	4 210	
512. Banque		4 210
– Intégration des frais bancaires à la créance –		
411. Créance client	95,68	
627. Services bancaires		80
4456. TVA déductible		15,68
– Création de l'effet de commerce –		
413. Client, effet à recevoir	4 305,68	
411. Client		4 305,68

– 28/09 : réception d'un avis provenant du fournisseur de l'immobilisation indiquant la création d'un effet de commerce à partir de la créance créée le 08/09.

404. Fournisseur d'immobilisation	94 723,2	
403. Fournisseur effet à payer		94 723,2

– 30/09 : comptabilisation de la paie du mois de septembre de l'entreprise ABC. L'avance de 7 480 € est à prendre en considération lors du versement effectif des salaires au 1er octobre.

641. Rémunération du personnel	106 974	
421. Dettes – personnel		106 974
421. Dettes – personnel	34 007	
431. Sécurité sociale		18 020
437. Autres organismes sociaux		15 987
645. Charges patronales	43 961	
431. Sécurité sociale		28 841
437. Autres organismes sociaux		15 120

ICHE 18

La comptabilisation des stocks

1 Les stocks dans le modèle comptable

Le compte de résultat doit enregistrer dans les **charges** les opérations qui appauvrissent l'entreprise et dans les **produits** les opérations qui l'enrichissent :

- des achats de **matières premières non consommées** ne représentent pas un appauvrissement car elles pourraient être revendues. Il ne faut donc pas les considérer comme des charges ;
- de même, des **produits finis non encore vendus** représentent un enrichissement pour l'entreprise. Ce sont donc bien des produits au sens comptable du terme.

Figure 18.1. La définition des charges et des produits

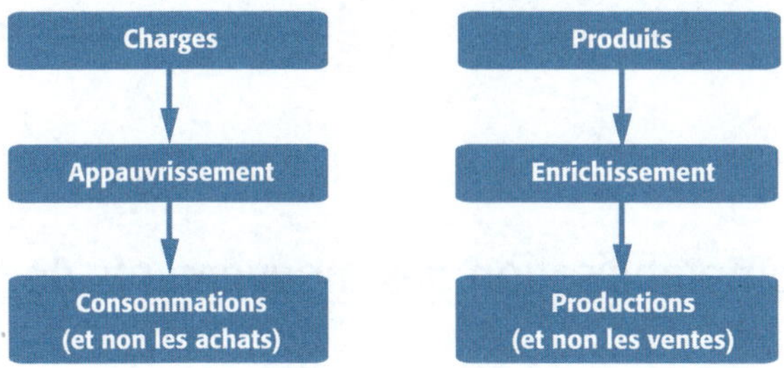

Or, au cours de l'année, ce sont les achats et les ventes (et non les consommations et les productions) qui sont enregistrés au journal car il est plus facile d'enregistrer les factures quand elles se présentent que de suivre au jour le jour l'utilisation des matières premières et la production. L'inventaire en fin d'exercice permet de corriger ces écritures et garantit ainsi le respect du principe de l'image fidèle.

Les **achats non consommés** et les **produits non vendus** constituent par ailleurs des stocks qui s'ajoutent aux **actifs de l'entreprise.**

Figure 18.2. La régularisation des stocks

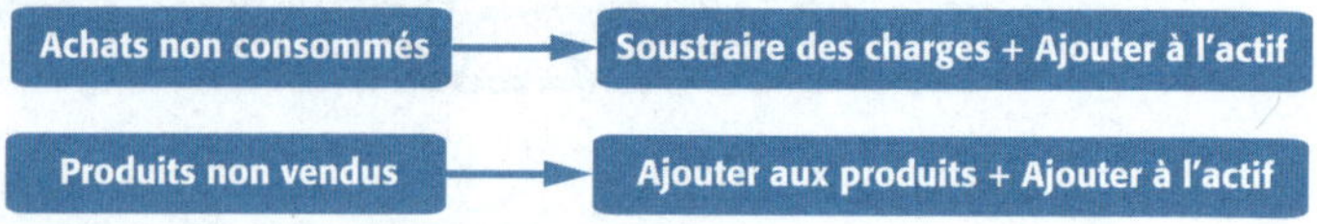

Attention

Les achats ou ventes de stocks constituent des opérations entre comptes d'actif sans conséquence sur les capitaux propres.

Figure 18.3. Les stocks, le compte de résultat et le bilan

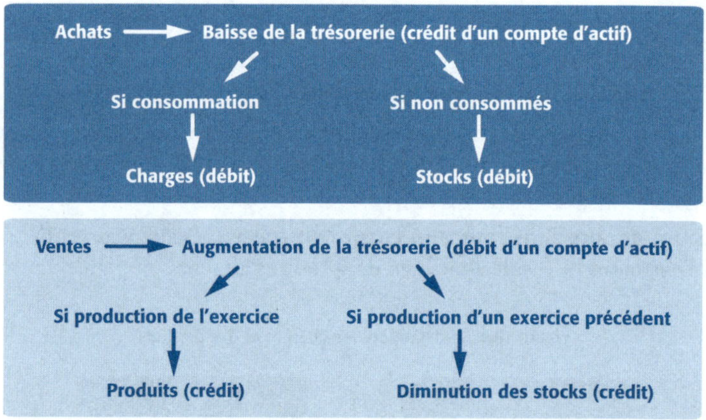

2 La comptabilisation des mouvements de stocks

A. Les matières premières et les produits finis

Il faut distinguer le cas des stocks de matières premières de celui des produits finis. Les écritures de stocks concernant les matières premières sont traitées dans les charges au compte de résultat alors que celles afférant aux produits finis le sont dans les produits.

Tableau 18.1. Les comptes de variation de stocks

Charges ⟶ Consommation = Achats + Compte « Variations de stocks »

Produits ⟶ Production = Ventes + Compte « Production stockée »

	Stock final (SF) > Stock initial (SI)	Stock final (SF) < Stock initial (SI)
Matières premières	Consommation < Achats « Variation de stocks » négative	Consommation > Achats « Variation de stocks » positive
Produits finis	Production > Ventes « Production stockée » positive	Productions < Ventes « Production stockée » négative

... À retenir ...

« Variation de stocks » = SI – SF

« Production stockée » = SF – SI ⟶ le compte « Production stockée » mesure la variation de la production stockée

Exemple 1 : à l'inventaire, au 31 décembre, le stock final de matières premières est de 80 000 € alors que le stock initial est de 70 000 €.
Les écritures sont les suivantes :

31/12 : SF = 80 000 (SI = 70 000)	Débit	Crédit
31. Stocks mat. premières	10 000	
6031. Variation stocks		10 000

Crédit d'une charge ⇒ charge négative

Exemple 2 : à l'inventaire, au 31 décembre, le stock final de matières premières est de 80 000 € alors que le stock initial était de 90 000 €.
Les écritures sont les suivantes :

31/12 : SF = 80 000 (SI = 90 000)	Débit	Crédit
6031. Variation stocks	10 000	
31. Stocks mat. premières		10 000

FICHE 18

Exemple 3 : à l'inventaire, au 31 décembre, le stock final de produits finis est de 80 000 € alors que le stock initial était de 70 000 €.
Les écritures sont les suivantes :

31/12 : SF = 80 000 (SI = 70 000)	Débit	Crédit
35. Stocks de produits finis	10 000	
713. Production stockée		10 000

Produit supplémentaire

Exemple 4 : à l'inventaire, au 31 décembre, le stock final de produits finis est de 80 000 € alors que le stock initial était de 90 000 €.
Les écritures sont les suivantes :

31/12 : SF = 80 000 (SI = 90 000)	Débit	Crédit
713. Production stockée	10 000	
35. Stocks de produits finis		10 000

Débit d'un produit = produit négatif

B. Le cas des marchandises

Les marchandises apparaissent au compte de résultat dans les charges et dans les produits. Cependant, la variation de leurs stocks est traitée en charges exclusivement. L'enregistrement s'assimile à celui des matières premières en considérant que leur consommation correspond au volume de leurs ventes.

Exemple : à l'inventaire, au 31 décembre, le stock final de marchandises est de 80 000 € alors que le stock initial était de 70 000 €. Cela signifie que l'entreprise a moins vendu de marchandises sur l'exercice qu'acheté ; sa « consommation » de marchandises est donc inférieure à celle de ses achats.

31/12 : SF = 80 000 (SI = 70 000)	Débit	Crédit
37. Stocks marchandises	10 000	
6037. Variation stocks		10 000

3 L'évaluation des stocks

La question de l'évaluation des stocks est généralement posée en **comptabilité de gestion**, mais il est possible d'en donner ici une première réponse rapide.

A. Coût et prix

Le **prix** est l'expression monétaire de la valeur d'une transaction. Il se rencontre dans les relations de l'entreprise avec ses **partenaires extérieurs** et doit être distingué de la notion de **coût** qui est un **calcul interne** à l'entreprise :

- concernant les matières premières ou les marchandises, pour passer du prix d'achat au coût d'achat, il faut ajouter les **frais d'approvisionnement** (le transport, par exemple) ;
- les produits finis sont comptabilisés au **coût de production** et non au prix de vente car, tant que la vente n'a pas été réalisée, la marge n'est pas garantie. Par ailleurs, c'est le coût de production et non le coût de revient qui est utilisé car les frais de distribution n'ont pas encore été engagés.

Figure 18.4. Principe général

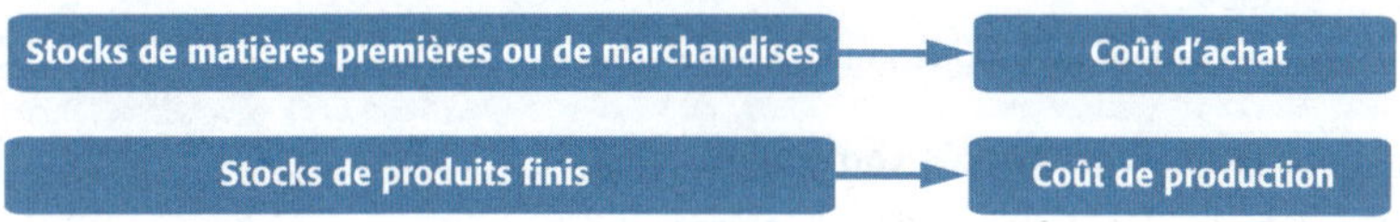

B. Les méthodes d'évaluation des variations de stocks

Toutes les matières premières achetées n'ayant pas le même coût d'achat et tous les produits finis n'ayant pas non plus le même coût de production, il faut choisir une **méthode d'évaluation des variations de stocks**. Plusieurs existent, dont deux seulement sont autorisées par le plan comptable général (PCG) :

- la méthode du **coût unitaire moyen pondéré (CUMP)**. Il s'agit de calculer le coût moyen du bien en stock pondéré par les quantités et d'évaluer les variations de stocks à ce coût ;
- la méthode du « **premier entré – premier sorti** » **(PEPS)** qui consiste à considérer fictivement ou non que les biens les plus « anciens » en stock sont consommés en premier.

Attention

> Si les deux méthodes sont autorisées, il n'est en revanche pas possible d'en changer trop souvent (principe de permanence des méthodes).

APPLICATIONS

QCM

Choisissez, parmi les propositions suivantes, la ou les bonne(s) réponse(s).

18.1. Elsa a acheté pour 1 000 € de matières premières cette année, mais elle en a consommé pour 1 100 €.

- ○ **a.** Le stock de matières premières a augmenté entre le début et la fin de l'année.
- ○ **b.** La variation de stocks en charges est positive.

18.2. Elsa a vendu pour 1 000 € de produits finis cette année, mais elle a en fait produit pour 1 200 €. Que peut-on en déduire ?

- ○ **a.** Le total de l'actif est supérieur à la situation où elle n'en aurait produit que pour 1 000 €.
- ○ **b.** Le total du passif est supérieur à la situation où elle n'en aurait produit que pour 1 000 €.
- ○ **c.** Le compte de production stockée s'élève à 1 200 €.

18.3. La production stockée correspond :

- ○ **a.** au total de la production d'une année.
- ○ **b.** au seul excédent de la production d'une année qui n'a pas été vendu.
- ○ **c.** à la variation du stock de produits finis.

18.4. La variation de stocks en charges correspond :

- ○ **a.** au stock final de matières premières moins le stock initial.
- ○ **b.** au stock initial de matières premières moins le stock final.

18.5. Les variations de stocks de marchandises ont un impact :

- ○ **a.** dans les charges.
- ○ **b.** dans les produits.
- ○ **c.** à l'actif.
- ○ **d.** au passif.

18.6. Elsa a acheté 10 kilos de matières premières à 5 € le kilo le 3 janvier puis 20 kilos à 4 € le 15 janvier. Ce sont ses seuls achats de l'année. Pendant l'année, elle consomme 25 kilos de cette matière première. Quel montant Elsa doit-elle enregistrer (il n'est pas tenu compte ici de la TVA) ?

- ○ **a.** 130 € d'achats de matières premières.
- ○ **b.** 95 € d'achats de matières premières en utilisant la méthode PEPS.
- ○ **c.** 108,30 € d'achats de matières premières en utilisant la méthode CUMP.

Exercice 18.1. Comptabiliser et évaluer des stocks

Les stocks au 1er janvier N d'une entreprise sont les suivants :

- matières premières : 1 000 kilos évalués à 50 € le kilo ;
- produits finis : 400 produits au coût de production unitaire de 90 €.

Les achats de matières premières sur l'année sont les suivants (par ordre chronologique) :

- 100 kilos à 55 € le kilo ;
- 300 kilos à 52 € le kilo ;
- 800 kilos à 54 € le kilo.

Les ventes de produits finis sont les suivantes par ordre chronologique :

- 1 000 produits à 92 € unitaires ;
- 500 produits à 100 € unitaires.

Les stocks à la fin de l'année s'élèvent à :

- matières premières : volume et valeur à déterminer.
- 300 produits finis (valeur à déterminer).

Informations complémentaires

L'entreprise utilise la méthode PEPS pour l'évaluation de ses stocks. Le coût de production a augmenté de 5 % entre les deux années et il faut 1 kilo de matières premières pour faire un produit fini. Il n'est pas tenu compte ici de la TVA.

Enregistrer les écritures d'achats, de ventes et de variations de stocks pour l'année N.

Exercice 18.2. Comptabiliser des stocks

Au 1er janvier N, les stocks de l'entreprise sont les suivants :

- matières premières : 10 000 € ;
- produits finis : 15 000 €.

Pendant l'année, l'entreprise achète et vend les biens suivants :

- matières premières : 33 000 € ;
- produits finis : 45 000 €

Au 31 décembre N, les stocks constatés sont les suivants :

- matières premières : 5 000 € ;
- produits finis : 20 000 €.

a. Quelle est la quantité de matières premières consommée ?

b. Combien de produits finis ont été fabriqués ?

c. Quels sont les montants qui ont été enregistrés au journal ? Comment les rectifier ?

CORRIGÉS

QCM

18.1. ✓**b.** Si Elsa a plus consommé qu'acheté, cela signifie qu'elle a puisé dans ses stocks. Ceux-ci ont donc diminué. Par contre, la variation de stocks en charges sera positive, ce compte représentant la consommation du stock (SI – SF).

18.2. ✓**a.** ✓**b.** Si Elsa a plus produit que vendu, ses produits sont supérieurs à ses ventes (la production non vendue s'additionnant à la production vendue), et donc son résultat est plus important, ainsi que ses capitaux propres et son passif. Cette production non vendue est inscrite en contrepartie dans les stocks. L'actif est donc également augmenté. Le compte de production stockée correspond dans les produits à la partie produite non vendue. Elle est ici égale à 200 €.

18.3. ✓**c.** L'appellation « production stockée » du compte est trompeuse car ce compte enregistre la variation du stock de produits finis (SF – SI). Si Elsa produit plus qu'elle ne vend, le stock augmente et le compte est positif. En revanche, si elle vend plus qu'elle ne produit, le stock diminue et le compte de production stockée est négatif.

18.4. ✓**b.** Le compte de variation de stocks en charges correspond à la consommation du stock de matières. Si le stock initial est supérieur au stock final, Elsa a plus consommé qu'acheté, il faut donc enregistrer une charge supplémentaire.

18.5. ✓**a.** ✓**c.** ✓**d.** Si une entreprise vend plus (ou moins) de marchandises qu'elle en achète, son stock de marchandises est modifié (et donc son actif). La variation du stock est inscrite en charges au compte de résultat. Elle s'additionne aux achats de marchandises pour constituer les marchandises réellement consommées sur l'exercice. Seules les ventes de marchandises s'inscrivent en produits L'impact sur les charges modifie le résultat et donc les capitaux propres et ainsi le passif.

18.6. ✓**a.** Quelle que soit la méthode d'évaluation de stocks utilisée, celle-ci ne s'applique qu'aux stocks. Ici, il s'agit de comptabiliser les achats. Ceux-ci s'élèvent à (10 × 5) + (20 × 4) = 130 €.

Exercice 18.1. Comptabiliser et évaluer des stocks

Écritures d'achats et de ventes (opérations courantes)

Les dates d'achats et de ventes n'étant pas précisées, il est supposé que les achats ont eu lieu avant les ventes.

	Débit	Crédit
601. Achat de matières premières 512. Trésorerie	5 500	 5 500
601. Achat de matières premières 512. Trésorerie	15 600	 15 600
601. Achat de matières premières 512. Trésorerie	43 200	 43 200

512. Trésorerie 701. Vente de produits finis	92 000	 92 000
512. Trésorerie 701. Vente de produits finis	50 000	 50 000

Calcul des variations de stocks

– Pour les produits finis

Il y avait un stock initial de 400 produits, 1 500 ont été vendus et il reste 300 produits en stock à la fin de l'exercice. Comme SI + Entrées = Sorties + SF, Entrées (qui correspondent ici aux productions) = Sorties (les ventes) + SF – SI = 1 500 + 300 – 400 = 1 400 €.

La variation de stocks de produits finis (la production stockée) est égale à : SF – SI.

L'entreprise utilise la méthode PEPS, ce qui signifie que les produits vendus le sont par ordre chronologique de production. Compte tenu du fait que l'entreprise a vendu davantage de biens qu'il n'y en avait dans le stock initial, tout le stock final peut être évalué au coût de production de l'année soit 90 × 1,05 = 94,50 € par produit.

La variation de stocks de produits finis est donc égale à : (300 × 94,5) – (400 × 90) = – 7 650 €.

– Pour les matières premières

C'est aussi la méthode PEPS qui est utilisée, comme pour les produits finis, ce qui signifie que les matières utilisées (donc les sorties des stocks) le sont par ordre chronologique d'entrée dans les stocks.

Il faut 1 kilo de matières par produit fini. On en déduit qu'il a été consommé autant de kilos de matières premières que de produits finis fabriqués. 1 400 kilos de matières premières ont donc été consommés. Ils sont constitués des 1 000 kilos du SI, des 100 kilos à 55€/kg et des 300 kilos à 52 €/kg.

→ À la fin de la période, il reste donc en stock **800 kg** à 54 €/kg.

Le stock final est donc évalué à 43 200 € (800 × 54). La variation de stocks de matières premières est positive parce que le stock initial était de 50 000 € (1 000 × 50) et qu'une plus grande quantité a été consommée qu'achetée.

→ La **variation de stocks de matières premières** est de donc de 50 000 – 43 200 = **6 800 €**. Le stock de matières premières baisse donc.

Écritures de variation de stocks (opérations d'inventaire)

713. Production stockée 35. Stocks de produits finis	7 650	 7 650
6031. Variation de stocks de matières premières 31. Stocks de matières premières	6 800	 6 800

Les deux stocks diminuent (ils sont crédités), ce qui correspond à une charge et à un moindre produit.

Exercice 18.2. Comptabiliser des stocks

Rappel : Stock initial (SI) + Entrées = Sorties + Stock final (SF)

a. Quantité de matières premières consommée

Les entrées correspondent aux achats et les sorties à la consommation. D'où : Quantité consommée = SI + Achats – SF = 10 000 + 33 000 – 5 000 = 38 000 €.

b. Nombre de produits finis fabriqués

Les entrées correspondent aux productions et les sorties aux ventes. D'où : Production = Ventes + SF – SI = 45 000 + 20 000 – 15 000 = 50 000 €.

c. Écritures et rectifications

Au journal, seuls les achats de matières premières (33 000 €) et les ventes de produits finis (45 000 €) ont été enregistrés. Or, les charges doivent correspondre à la consommation des matières premières et les produits aux productions. Il faut donc rectifier les montants en utilisant les comptes de variations de stocks.

L'utilisation des matières premières est supérieure aux achats. On en déduit qu'une partie du stock a également été consommée (cela se voit aussi dans la baisse du niveau de stocks entre le début et la fin de l'exercice). Il faut donc ajouter une charge supplémentaire égale à SI – SF = 5 000 €.

La production de produits finis est également supérieure aux ventes : l'entreprise a stocké. Le stock final est en effet supérieur au stock initial. Il faut donc enregistrer un produit supplémentaire égal à SF – SI = 5 000 €.

Opérations enregistrées au journal (opérations courantes)

	Débit	Crédit
601. Achat de matières premières	33 000	
512. Trésorerie		33 000
512. Trésorerie	45 000	
701. Vente de produits finis		45 000

Opérations de variations de stocks (opérations d'inventaire)

	Débit	Crédit
35. Stock de produits finis	5 000	
713. Production stockée		5 000
6031. Variation de stocks de matières premières	5 000	
31. Stocks de matières premières		5 000

Au compte de résultat, le total des charges vaut 38 000 € (la consommation) et celui des produits 50 000 € (le montant de la production).

Charges		Produits	
Achats de matières premières	33 000	Ventes de produits finis	45 000
Variation de stock	5 000	Production stockée	5 000

FICHE 19 Les amortissements

1 Définition

Un achat d'immobilisation correspond à une **allocation différente des actifs** de l'entreprise et n'apparaît, par conséquent, pas dans les charges. Cependant, cela n'est valable que tant qu'il est possible de revendre l'immobilisation à son prix initial. Si cette dernière perd de la valeur avec le temps, l'entreprise s'appauvrit. C'est ce que les amortissements retracent.

L'amortissement de l'immobilisation, comptabilisé au cours des opérations d'inventaire, est enregistré dans les **charges**, en contrepartie d'une **baisse de la valeur de l'immobilisation** à l'actif au bilan. Le bilan reste équilibré car la baisse du résultat fait diminuer les capitaux propres.

Tableau 19.1. L'impact des immobilisations sur la trésorerie et sur le résultat

	Achat de l'immobilisation	Usure de l'immobilisation
Impact sur la trésorerie	Immédiat	Aucun
Impact sur le résultat	Aucun	Progressif, année par année, au rythme de l'usure du bien

Exemple : une entreprise possède une machine, acquise pour 100 000 € début N, qu'il est prévu d'utiliser pendant 5 ans, de façon régulière. Chaque année, il faut enregistrer une charge de 20 000 € correspondant à son usure annuelle (100 000/5). En contrepartie, la valeur de la machine à l'actif diminue de 20 000 € chaque année.

Au compte de résultat, à la fin de l'année N

Charges		Produits	
Amortissement de l'année	20 000		
		Perte	20 000

Au bilan, à la fin de l'année N

Actif		Passif	
Valeur nette du bien	80 000	Capitaux propres	
		Apport initial	100 000
		Résultat	– 20 000

2 La durée et le rythme d'amortissement

Le choix de la durée et du rythme d'amortissement des immobilisations doivent être **justifiés économiquement**.

A. Les deux méthodes d'amortissement

L'amortissement linéaire

Le rythme d'amortissement est régulier dans le temps et se calcule sur une durée qui diffère selon les catégories de biens (cinq ans pour les machines, vingt ans pour les bâtiments par exemple). C'est le système le plus simple. Chaque année, un même pourcentage de la valeur initiale du bien est amorti (1/5e pour les machines, 1/20e pour les bâtiments, etc.).

L'amortissement dégressif

Ce système est utilisé si le bien s'use plus vite les premières années. Le taux de l'amortissement linéaire est multiplié par un coefficient (qui dépend de la durée d'amortissement) et appliqué à la valeur nette du bien (et non à sa valeur initiale). Quand les annuités d'amortissement deviennent plus faibles qu'en amortissement linéaire, il faut rebasculer en système linéaire.

Exemple : dans l'exemple précédent, la machine de 100 000 € étant amortie sur 5 ans, le taux d'amortissement linéaire correspondant est de 20 %. Si l'entreprise utilise le système dégressif, sachant que pour les durées d'amortissement de 5 ans le coefficient est de 1,75, elle multiplie 20 % par 1,75, ce qui fait 35 %.

Tableau d'amortissement

Année	Valeur nette comptable début d'année	Dotation aux amortissements	Valeur nette comptable fin année
N	100 000	= 100 000 × 0,35 = 35 000	= 100 000 – 35 000 = 65 000
N + 1	65 000	= 65 000 × 0,35 = 22 750	= 65 000 – 22 750 = 42 250
N + 2	42 250	= 42 250/3 = 14 083	= 42 250 – 14 083 = 28 167
N + 3	28 167	= 14 083	= 28 167 – 14 083 = 14 083
N + 4	14 083	= 14 083	0

À partir de l'année N + 2, la dotation annuelle en système dégressif serait inférieure à ce qu'elle représentait dans le système linéaire : 42 250 × 0,35 = 14 787 < 20 000. Il faut donc **rebasculer en système linéaire** et diviser la valeur nette comptable restante (42 250) par la durée restante (3 ans). La nouvelle dotation est elle aussi inférieure à 20 000, mais le basculement est nécessaire pour pouvoir terminer l'amortissement en cinq ans.

Attention

Quand l'immobilisation est acquise en cours d'année, un *prorata temporis* est appliqué :

– en **système linéaire**, le bien est amorti la première année sur une durée correspondant au temps écoulé entre le **jour de la mise en service** et le 31 décembre. Il faut alors comptabiliser une annuité supplémentaire à la fin pour enregistrer le complément d'amortissement ;

– en **système dégressif**, l'amortissement est calculé à partir du **1er jour du mois d'acquisition**. En revanche, il n'est pas nécessaire, du fait du mode de calcul, de calculer une annuité complémentaire.

B. Conséquences du choix du système d'amortissement

Du fait de la modulation des charges d'amortissement au cours du temps dans le système dégressif, le résultat (et donc l'impôt) est plus faible au début et plus important à la fin qu'avec le système linéaire. L'administration fiscale est dès lors très vigilante sur la justification du système d'amortissement utilisé.

Figure 19.1. Le choix du système d'amortissement et son impact sur l'impôt

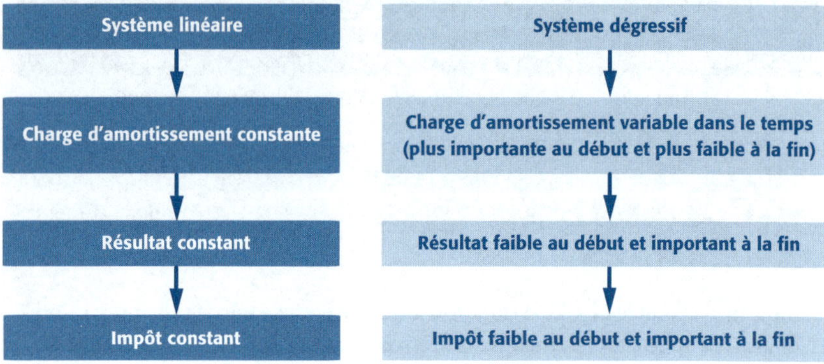

3 La comptabilisation des amortissements

Le compte de charges utilisé au compte de résultat pour enregistrer la dotation annuelle est le compte 68 « Dotations aux amortissements ». Au bilan, ce n'est pas le compte d'immobilisation qui est directement crédité, mais un **compte intermédiaire** (28 « Amortissements ») qui vient en déduction du compte d'immobilisation (21). La différence entre les deux correspond à la **valeur nette comptable** qui seule a un intérêt pour le calcul du total de l'actif. Les deux autres valeurs (la valeur brute et le montant des amortissements) sont simplement explicitées pour information.

Exemple : reprenons l'exemple de la machine de valeur brute 100 000 € en amortissement linéaire. À la fin l'année N, la charge d'amortissement est de 20 000 €, la valeur nette comptable de la machine de 80 000 €. Il faut cependant présenter au bilan sa valeur brute (100 000 €) et ses amortissements (20 000 €). À la fin de N+1, la charge d'amortissement est encore de 20 000 € et la valeur nette comptable de la machine est alors de 60 000 € (80 000 – 20 000). À l'actif, il faut mentionner la valeur brute (100 000 €) et le total des amortissements (40 000 € = 20 000 + 20 000). Le raisonnement est le même pour les années suivantes.

Écritures au journal (fin de l'année N et fin de l'année N+1)

	Débit	Crédit
68. Dotations aux amortissements	20 000	
28. Amortissements		20 000

Au compte de résultat (fin de l'année N et fin de l'année N+1)

Charges		Produits	
68. Dotation aux amortissements	20 000		
		Perte	20 000

Au bilan à la fin de l'année N

Actif		Passif	
Immobilisation :		Capitaux propres :	
21. Valeur brute	100 000	Apport initial	100 000
28. Amortissements	20 000	Résultat	– 20 000
Valeur nette comptable	80 000		
Total actif : 80 000		Total passif : 80 000	

Au bilan à la fin de l'année N+1

Actif		Passif	
Immobilisation :		Capitaux propres :	60 000
21.Valeur brute	100 000	Apport initial	100 000
28. Amortissements	40 000	Réserves	– 20 000
Valeur nette comptable	60 000	Résultat	– 20 000
Total actif	60 000	Total passif	60 000

Attention

Dans les charges, c'est le flux annuel d'amortissement qui est enregistré alors qu'au bilan, le compte d'amortissements correspond à la somme des amortissements antérieurs et de ceux de l'année (c'est donc un stock d'amortissements et non un flux). Chaque année, le compte d'amortissements au bilan augmente du montant du flux.

APPLICATIONS

QCM

Choisissez, parmi les propositions suivantes, la ou les bonne(s) réponse(s).

19.1. Clément a acheté une machine d'une valeur de 10 000 € au 1er janvier N. Elle est amortissable selon le système linéaire sur 5 ans. Quel est l'impact de cet achat ?

○ **a.** Aucun sur la trésorerie au 1er janvier N.

○ **b.** Aucun sur le compte de résultat au 1er janvier N.

○ **c.** Une diminution de la trésorerie de 2 000 € au 31 décembre N.

19.2. Clément achète une voiture pour son entreprise. Il veut limiter son impôt au maximum. Que doit-il faire ?

- ○ **a.** L'acheter à crédit.
- ○ **b.** L'acheter au comptant.
- ○ **c.** Emprunter pour l'acheter.

19.3. Clément doit enregistrer l'amortissement d'un matériel pour 5 000 € au 31 décembre. Comment procède-t-il ?

- ○ **a.** Il débite le compte 68 de 5 000 €.
- ○ **b.** Il débite le compte 28 de 5 000 €.
- ○ **c.** Il crédite le compte 21 de 5 000 €.
- ○ **d.** Il crédite le compte 512 de 5 000 €.

19.4. Clément enregistre l'amortissement de sa machine achetée il y a deux ans pour 8 000 € TTC. Elle est amortissable de façon linéaire sur 5 ans.

- ○ **a.** La charge d'amortissement est de 1600 €.
- ○ **b.** La charge d'amortissement est inférieure à 1600 €.

19.5. Clément hésite entre l'amortissement linéaire et l'amortissement dégressif pour l'immobilisation qu'il doit acheter. Quel choix doit-il faire ?

- ○ **a.** Il doit choisir l'amortissement dégressif, ainsi il pourra diminuer son impôt les premières années.
- ○ **b.** Il doit choisir le mode d'amortissement qui est justifié d'un point de vue économique.

19.6. Par rapport à l'amortissement linéaire, l'amortissement dégressif permet :

- ○ **a.** de payer moins d'impôt sur la durée de l'amortissement.
- ○ **b.** d'avoir un résultat plus important les premières années.
- ○ **c.** d'avoir une charge d'impôt inférieure les premières années.

19.7. Les dotations aux amortissements :

- ○ **a.** font baisser le total du passif.
- ○ **b.** font baisser le total de l'actif.
- ○ **c.** ne modifient pas les capitaux propres.

Exercice 19.1. Comptabiliser des amortissements

Une entreprise possède deux machines :

- machine 1 : prix d'achat 30 000 € HT, amortissement linéaire sur 5 ans, date d'achat 1er mars N.
- machine 2 : prix d'achat 80 000 € HT, amortissement dégressif sur 4 ans (coefficient 1,25), date d'achat 1er janvier N+1.

Procéder aux opérations concernant ces deux machines de leur date d'achat au 31 décembre N+5.

Exercice 19.2. Enregistrer l'amortissement au compte de résultat et au bilan

Justine crée une entreprise le 1er janvier N par apport personnel de 60 000 € et d'une machine de son invention dont la valeur est estimée à 35 000 €. Elle contracte un emprunt auprès d'une banque ce même jour pour 50 000 €.

Le 5 janvier, elle règle le loyer de son local (800 €) et achète pour 3 500 € de matières premières à crédit (paiement le 20 janvier). Elle achète également quelques fournitures de bureau au comptant (150 €) et des marchandises (875 €) à crédit (paiement le 20 février N).

Elle réalise ses premières ventes de produits finis le 20 janvier N : 1 500 € au comptant et 2 000 € de plus à crédit (paiement le 15 février N).

N.B. : il n'est pas tenu compte ici de la TVA.

a. Établir le bilan de l'entreprise de Justine au 1er janvier N. À combien s'élèvent l'actif, le passif, le patrimoine et la trésorerie ?

b. Établir le compte de résultat (du 2 janvier au 31 janvier) et le bilan à la fin janvier. À combien le résultat et la variation de la trésorerie s'élèvent-ils ? Sont-ils égaux ? Pourquoi ? (À ce stade, il est convenu de ne pas tenir compte d'un éventuel amortissement de la machine.)

Aucune autre opération n'est passée pendant l'année. Par ailleurs, on vous informe que la machine est amortissable linéairement sur cinq ans.

c. Établir le compte de résultat de début février à fin décembre (pour simplifier, la charge d'amortissement annuelle y sera comptabilisée pour sa totalité) et le bilan au 31 décembre N. À combien l'actif, le passif, le patrimoine, la trésorerie et le résultat s'élèvent-ils ? Comparer le résultat et l'évolution de la trésorerie. Sont-ils égaux ? Pourquoi ?

Exercice 19.3. Comprendre l'impact des amortissements dans le modèle comptable

L'entreprise d'Antoine, spécialisée dans la production et la distribution de fromage de brebis, possède au 1er janvier N :

- un troupeau de brebis acheté le 1er janvier N–5 au prix de 20 000 €. Elles sont toutes encore en bonne santé en N même si elles ont bien sûr un peu vieilli… ;
- un terrain acheté pour 30 000 € le 1er janvier N–5 également ;
- des locaux entièrement équipés, achetés pour 60 000 € le 1er janvier N–5 aussi et amortissables sur 20 ans ;
- une trésorerie de 5 000 €.

N.B. : il n'est pas tenu compte de la TVA.

a. Comment comptabiliser les brebis ? Justifier le choix opéré et ne pas hésiter à poser des hypothèses.

b. Établir le bilan de l'entreprise d'Antoine au 1er janvier N en détaillant les calculs le cas échéant. À combien s'élèvent les capitaux propres de l'entreprise ?

Pendant l'année N, l'entreprise d'Antoine effectue les opérations suivantes :

- achat de fourrage pour un montant de 1 000 € deux fois dans l'année : le 15 janvier et le 15 octobre. Ces opérations se font à crédit, le paiement ayant lieu trois mois plus tard ;
- paiement du personnel chaque 30 du mois pour 1 500 € ;
- vente de fromages, tous les 10 du mois, à une coopérative locale pour 2 000 € à chaque fois. La coopérative paye comptant.

Il n'y avait pas de stocks au 1er janvier N. Au 31/12/N, il n'y a pas de stocks de fromages, mais il reste l'équivalent de 150 € de fourrage.

c. Enregistrer les opérations d'inventaire de l'exercice N.

d. Établir le compte de résultat et le bilan de l'entreprise d'Antoine au 31 décembre N. À combien le résultat, le nouveau patrimoine et la trésorerie s'élèvent-ils ? Comparer le résultat et l'évolution de la trésorerie. Comment expliquer la différence constatée ?

CORRIGÉS

QCM

19.1. ✓**b.** L'achat d'une immobilisation impacte la trésorerie à la date d'achat (ici au 1er janvier N), mais pas le compte de résultat. À la fin de l'exercice, au 31 décembre N, une dotation aux amortissements est enregistrée dans les charges. En revanche, la trésorerie n'est pas affectée.

19.2. ✓**c.** Le fait d'acheter une immobilisation au comptant ou à crédit n'a aucune influence sur le compte de résultat où l'achat ne figure pas. Si l'achat est au comptant, la trésorerie est créditée. Si c'est un achat à crédit, un compte dette est crédité. Il n'y a pas d'effet au compte de résultat dans un cas comme dans l'autre. En revanche, si Clément emprunte pour acheter sa voiture, il doit payer des intérêts sur cet emprunt, ce qui va augmenter ses charges et baisser son résultat et ses impôts.

19.3. ✓**a.** Pour enregistrer un amortissement, le compte de charges 68 « Dotation aux amortissements » est débité et le compte 28 d'amortissements à l'actif est crédité. Le compte 21, qui comptabilise la valeur brute, n'est pas directement crédité, ce qui permet de garder en mémoire la valeur d'achat du bien.

19.4. ✓**b.** Le montant qui est enregistré en immobilisation (et qui va être amorti) est le montant hors taxes (8 000/1,196 = 6 689 €). La dotation d'amortissement annuelle est donc de 6 689/5 = 1 338 €.

19.5. ✓**b.** Le choix du système dégressif ou linéaire se fait seulement selon ce qui est justifié économiquement. Il n'est pas autorisé de choisir l'amortissement dégressif pour diminuer son impôt alors qu'il n'est pas justifié économiquement (c'est-à-dire s'il n'est pas prouvé techniquement que l'immobilisation perd effectivement plus de valeur au début qu'à la fin de sa durée de vie).

19.6. ✓ **c.** L'amortissement dégressif permet d'augmenter ses charges les premières années et donc de diminuer son résultat et son impôt. En revanche, les charges seront plus faibles à la fin de la durée de vie du bien et l'impôt plus important. La quantité d'impôt payée est donc la même si on considère la durée de vie du bien, c'est seulement sa répartition dans le temps qui est modifiée.

19.7. ✓ **a.** ✓ **b.** Les dotations aux amortissements sont enregistrées dans les charges, elles modifient donc le résultat et les capitaux propres et font ainsi diminuer le passif. En contrepartie, elles sont enregistrées au crédit du compte 28, ce qui fait diminuer la valeur nette comptable et le total de l'actif.

Exercice 19.1. Comptabiliser des amortissements

Tableau d'amortissement de la machine 1

Année	VNC début d'année	Dotation aux amortissements	VNC fin d'année
N	30 000	**5 000**	25 000
N+1	25 000	6 000	19 000
N+2	19 000	6 000	13 000
N+3	13 000	6 000	7 000
N+4	7 000	6 000	1 000
N+5	1 000	**1 000**	0

La machine est amortie selon le système linéaire sur 5 ans, la valeur hors taxes servant de base. La dotation d'amortissement annuelle est donc de 30 000/5 = 6 000 €. Cependant, elle n'a été acquise qu'au 1er mars de la première année. Il ne faut donc pas l'amortir sur une année entière, mais seulement sur 10 mois. La dotation aux amortissements de N est donc de 6 000 × 10/12 = 5 000 €. Par conséquent, il faudra une dotation aux amortissements du solde en N+5 , c'est-à-dire 1 000 €.

Tableau d'amortissement de la machine 2

Année	VNC début d'année	Dotation aux amortissements	VNC fin d'année
N+1	80 000	25 000	55 000
N+2	55 000	18 333,3	36 666,6
N+3	36 666,6	18 333,3	18 333,3
N+4	18 333,3	18 333,3	0

Le calcul de la dotation de la première année s'effectue ainsi : le taux d'amortissement linéaire de 0,25 (amortissement sur 4 ans) est multiplié par le coefficient d'amortissement dégressif (1,25), ce qui donne 0,3125. La dotation de la première année est donc de 80 000 × 0,3125 = 25 000 €.

Pour calculer la dotation de la deuxième année, on multiplie 0,3125 par la VNC à fin N+1, soit 55 000 × 0,3125 = 17 187,50 €. Or, ce chiffre est inférieur à ce qui aurait été obtenu en amortissement linéaire (à savoir 80 000/4 = 20 000). Donc, dès N+2, il faut basculer en système linéaire en divisant 55 000 par la durée restante, soit 3 années : 55 000/3 = 18 333,30 €. Ce dernier chiffre correspond donc à la dotation annuelle en N+2, N+3 et N+4.

Écritures comptables liées à ces deux machines

Date		Débit	Crédit
01/03/N	21. Machine 44562. TVA déductible 512. Trésorerie	30 000 5 880	 35 880
31/12/N	68. Dotation aux amortissements 28. Amortissements	5000	 5 000
01/01/N+1	21. Machine 44562. TVA déductible 512. Trésorerie	80 000 15 680	 95 680
31/12/N+1	68. Dotation aux amortissements 28. Amortissements	31 000	 31 000
31/12/N+2	68. Dotation aux amortissements 28. Amortissements	24 333,3	 24 333,3
31/12/N+3	68. Dotation aux amortissements 28. Amortissements	24 333,3	 24 333,3
31/12/N+4	68. Dotation aux amortissements 28. Amortissements	24 333,3	 24 333,3
31/12/N+5	68. Dotation aux amortissements 28. Amortissements	1 000	 1 000

Exercice 19.2. Enregistrer l'amortissement au compte de résultat et au bilan

a. Bilan au 1er janvier N

Actif		Passif	
Immobilisations :		Capitaux propres : 95 000	
Machine	35 000	Apport en numéraire	60 000
		Apport en nature	35 000
Trésorerie	110 000		
		Emprunt	50 000
Total actif	145 000	Total passif	145 000

b. Compte de résultat et bilan au 31 janvier N

Compte de résultat

Charges		Produits	
Achats matières premières	3 500	Ventes produits finis	3 500
Achats marchandises	875		
Achats fournitures	150		
Loyer	800		
		Résultat (perte) 1 825	

Bilan

Actif		Passif	
Immobilisations :		Capitaux propres :	
Machine	35 000	Apports initiaux	95 000
		Résultat	– 1 825
Créance	2 000		
		Emprunt	50 000
Trésorerie	107 050		
		Dette fournisseur	875
Total actif	144 050	Total passif : 144 050	

La variation de la trésorerie (– 2 950 €) est différente du résultat du fait de l'effet de la créance d'une part et de la dette fournisseur d'autre part.

c. Bilan et compte de résultat au 31 décembre N

Compte de résultat

Charges		Produits	
Dotation aux amortissements	7 000		
		Résultat (perte)	7 000

Le règlement de la dette et celui de la créance n'ont pas d'impact au compte de résultat.

Bilan

Actif				Passif	
Immobilisations				Capitaux Propres	86 175
	VB	Amts	VNC	Apports initiaux	95 000
Machine	35 000	7 000	28 000	Réserves	–1 825
				Résultat	–7 000
Trésorerie			108 175		
				Emprunt	50 000
Total actif			136 175	Total passif	136 175

La valeur retenue pour le total de l'actif est celle de la valeur nette de la machine (et pas la valeur brute qui est simplement mentionnée à titre informatif).

Le résultat précédent est classé en réserves.

La variation de la trésorerie (+ 1 125 €) est différente du résultat (– 7 000 €) du fait que :

– les dotations aux amortissements sont prises en compte dans le compte de résultat mais pas dans la trésorerie ;

– le règlement de la dette et celui de la créance affectent la trésorerie mais pas le compte de résultat.

Exercice 19.3. Comprendre l'impact des amortissements dans le modèle comptable

a. Comptabilisation

Les brebis peuvent être considérées comme des immobilisations car ce sont des « outils de production ». Il faut alors décider d'une durée de vie (10 ans, par exemple). Ainsi, chaque année, les brebis perdent 20 000/10 = 2 000 € de valeur par an.

b. Bilan de l'entreprise d'Antoine au 1er janvier N

Actif				Passif	
Immobilisations :				Capitaux propres	90 000
	Valeur brute	Amortissements	Valeur nette comptable		
Terrain	30 000		30 000		
Locaux	60 000	15 000	45 000		
Brebis	20 000	10 000	10 000		
Total	110 000	25 000	85 000		
Trésorerie			5 000		
Total actif			90 000	Total passif	90 000

Les terrains ne s'usent pas, il n'y a donc pas d'amortissement.

Calcul de la VNC des immobilisations

Locaux : 60 000/20 = 3 000 € par an ⟶ 5 × 3 000 = 15 000 € et donc VNC = 60 000 – 15 000 = 45 000 €

Brebis : 20 000/10 = 2 000 € par an ⟶ 5 × 2 000= 10 000 € donc VN = 20 000 – 10 000 = 10 000 €

Attention : pour calculer le total de l'actif, il faut considérer la valeur nette.

Le total de l'actif est égal au total du passif. Comme il n'y a pas de dette, le total du passif est égal au total des capitaux propres. Les capitaux propres sont donc égaux à 90 000 €.

c. Opérations d'inventaire

Les seules opérations sont les amortissements (pour les brebis et les locaux) et les variations de stocks de fourrage.

	Débit	Crédit
68. Dotation amortissements (brebis + locaux) 28. Amortissements	5 000	 5 000
31. Variations de stocks de MP 6031. Variation de stocks	150	 150

Amortissements brebis (2 000) + Amortissements locaux (3 000) = **5 000 €** en tout.

Il reste l'équivalent de 150 € de fourrage (une matière première) au 31 décembre N. Antoine ayant davantage acheté que consommé, il convient d'enregistrer une charge négative de 150 € pour ajuster le total des charges au montant réel de la consommation.

d. Compte de résultat et bilan de l'entreprise d'Antoine au 31 décembre N

Compte de résultat

Charges		Produits	
Achats de fourrage	2 000	Ventes	(2 000 × 12) = 24 000
Variation de stocks	–150		
Personnel	(1 500 × 12) = 18 000		
Amortissements	5 000		
		Résultat (perte)	850

Bilan

Actif				Passif	
Immobilisations :				CP	89 150
	VB	Amts	VNC	Apport initial + Réserves	90 000
Terrain	30 000		30 000	Résultat	– 850
Locaux	60 000	18 000	42 000	Dettes fournisseurs	1 000
Brebis	20 000	12 000	8 000		
Total	110 000	30 000	80 000		
Stocks			150		
Trésorerie			10 000		
Total actif			90 150	Total passif	90 150

Un achat n'a pas encore été payé, un achat de fourrage. Il faut donc enregistrer une dette fournisseur de 1 000 €.

Calcul des capitaux propres : 90 000 – 850 = 89 150 €. L'entreprise s'est appauvrie (le résultat est négatif).

Calcul de la trésorerie finale

Trésorerie au 31 décembre N = Trésorerie de départ + Augmentations du compte de trésorerie (ici, les ventes) – Diminutions du compte de trésorerie (les achats effectivement payés et le personnel) = 5 000 + 24 000 – 18 000 – 1 000 = 10 000 €.

→ La **variation de trésorerie** (Trésorerie finale – Trésorerie initiale = 10 000 – 5000) est de **+ 5 000** € alors que le résultat est de – 850 €. La différence entre les deux s'explique par :

- deux opérations qui ont affecté le résultat (en négatif) mais pas la trésorerie (les amortissements pour 5 000 € et l'achat à crédit du fourrage pour 1 000 €) ;
- une opération qui a affecté le résultat (en positif) mais pas la trésorerie : la variation négative des stocks de – 150 €.

(5 000 + 1 000) – 150 = 5 850 €, ce qui correspond à la différence entre le résultat et la variation de la trésorerie.

FICHE 20 Les dépréciations

1 Les différences entre amortissements et dépréciations

A. Usure certaine contre simple risque

Alors que les **amortissements** enregistrent l'usure certaine d'une immobilisation dans le temps, les **dépréciations** comptabilisent, quant à elles, de simples **risques** de perte de valeur.

> **Exemple :** un immeuble peut se trouver dans une zone où la valeur de marché baisse. La perte de valeur n'est pas certaine tant que le bien n'a pas été vendu, le marché immobilier pouvant en effet se retourner.

B. Le risque caractérisé par les dépréciations est réversible

Les risques identifiés pour les dépréciations peuvent disparaître, le bien retrouvant sa valeur initiale. Les dépréciations peuvent ainsi être annulées ou « **reprises** », **contrairement aux amortissements** (sauf erreur dans leur enregistrement).

> **Exemple :** lorsque les prix du marché immobilier remontent à leur niveau initial, le risque disparaît.

C. Un champ plus large pour les dépréciations

Alors que seules les immobilisations corporelles et certaines immobilisations incorporelles ayant une durée de vie limitée peuvent être amorties, tous les **actifs** peuvent faire l'objet de dépréciations.

Exemples : – immobilisations incorporelles : un brevet couvrant une technologie peut devenir obsolète si une nouvelle technologie est sur le point de voir le jour, une marque d'une entreprise peut perdre de la valeur suite à des revers en matière de communication ;

– immobilisations financières ou valeurs mobilières de placement (VMP) : des placements peuvent chuter en Bourse ;

– stocks : certains produits peuvent rencontrer des difficultés à s'écouler sur le marché ;

– créances : une part des clients peut montrer des difficultés à rembourser (créances dites « douteuses »).

Tableau 20.1. Synthèse des différences

Critère	Amortissement	Dépréciation
Degré de certitude	Certain	Risque
Possibilité de reprise	Non	Oui
Champ	Immobilisations corporelles et certaines incorporelles	Tous les actifs

FICHE 20

2 Les tests de dépréciation

Pour savoir si une dépréciation est justifiée, les entreprises réalisent un **test de dépréciation**, en comparant la **valeur nette comptable du bien** (Valeur brute – Amortissements) à la **valeur actuelle** du bien.

La valeur actuelle est définie comme le **maximum** de la **valeur de marché** (ou valeur vénale, c'est-à-dire la valeur de revente du bien) et de la **valeur d'usage** (la valeur qu'a le bien pour l'entreprise ; par exemple, une voiture peut ne plus avoir de valeur sur le marché mais être encore utilisée quelques années par l'entreprise, sa valeur d'usage n'étant ainsi pas nulle).

Figure 20.1. Valeur nette comptable et valeur actuelle : le test de dépréciation

Valeur nette comptable = Valeur brute – Amortissements
Valeur actuelle = Max (Valeur de marché, Valeur d'usage)
Dépréciation si Valeur actuelle < Valeur nette comptable
Montant dépréciation = Valeur actuelle – Valeur nette comptable

3 La comptabilisation des dépréciations

A. Les dotations aux dépréciations

L'enregistrement des dépréciations présente de très nombreux points communs avec les amortissements, l'entreprise comptabilisant une **perte de valeur** dans les charges en contrepartie d'une baisse de valeur à l'actif.

Il nécessite, comme pour les amortissements, le recours à un **compte intermédiaire** à l'actif (caractérisé par le chiffre 9 en deuxième position) afin de conserver, pour information, au bilan la valeur initiale du bien.

Tableau 20.2. Les comptes utilisés pour les amortissements et les dépréciations

Comptes de dotations aux charges	Compte correspondant à l'actif soustractif
68111. Dot. amor. immo. incorp. →	280. Amor. immo. incorp.
68112. Dot. amor. immo. corp. →	281. Amor. immo. corp.
68161. Dot. dépr. immo. incopr. →	290. Dépr. immo. incorp.
68162. Dot. dépr. immo. corp. →	291. Dépr. immo. corp.
68662. Dot. dépr. immo. fin. →	296 et 297. Dépr. immo. fin.
68173. Dot. dépr. stocks →	39. Dépr. stocks
68174. Dot. dépr. créances →	49. Dépr. créances
68665. Dot. dépr. VMP →	59. Dépr. VMP

Exemple 1 : risque de perte de 20 000 € sur un bâtiment (de valeur brute 200 000 € et valeur nette comptable 100 000 €) situé dans une zone dont la valeur de marché diminue

Au journal

	Débit	Crédit
68162. Dotations aux dépréciations immo. corp.	20 000	
291. Depr. immo. corp.		20 000

Au bilan

Actif				Passif
Immobilisations :				Capitaux propres baisse de 20 000
	Valeur brute	Amts et dépr.	Valeur nette	
Bâtiment	200 000	120 000	80 000	
Total actif en baisse de 20 000				Total passif en baisse de 20 000

FICHE 20

Exemple 2 : risque de perte de 200 € sur une créance (de 1 000 €) devenue douteuse

Au journal

	Débit	Crédit
416. Clients douteux 411. Clients	1 000	 1 000
68174. Dotations aux dépréciations créances 491. Dépr. créances	200	 200

Le risque de non-recouvrement d'une créance client nécessite, avant l'enregistrement de la dépréciation, le passage de la totalité de la créance en créance douteuse (compte 416). La dépréciation n'est en revanche comptabilisée que pour le montant du risque encouru.

Au bilan

Actif				Passif	
Immobilisations :				Capitaux propres	baisse de 200
	Valeur brute	Dépr.	Valeur nette		
Créance	1 000	200	800		
Total actif			en baisse de 200	Total passif	en baisse de 200

Exemple 3 : risque de perte de 100 € sur des VMP achetées pour 3 000 €

Au journal

	Débit	Crédit
68665. Dotations aux dépréciations VMP 59. Prov. pr. dépr. VMP	100	 100

Au bilan

Actif				Passif	
Immobilisations :				Capitaux propres	baisse de 100
	Valeur brute	Amts et dépr.	Valeur nette		
VMP	3 000	100	2 900		
Total actif			en baisse de 100	Total passif	en baisse de 100

B. Le devenir des dépréciations

Si le risque augmente, une dotation supplémentaire doit être enregistrée. En revanche, si le risque disparaît, l'entreprise doit reprendre la dépréciation. Cette reprise constitue un **produit**. En contrepartie, le compte de dépréciations à l'actif sera débité.

Si le risque se confirme par la réalisation d'une **perte réelle**, il faut comptabiliser une perte en charges en plus de la reprise, ce qui neutralise son impact sur le résultat.

Tableau 20.3. Les comptes de dotations et de reprises pour les dépréciations

Comptes de dotations en charges	Comptes de reprises correspondants en produits
68161. Dot. dépr. immo. incop. →	78161. Repr. dépr. immo. incorp.
68162. Dot. dépr. immo. corp. →	78162. Repr. dépr. immo. corp.
68662. Dot. dépr. immo. fin. →	78662. Repr. dépr. immo. fin.
68173. Dot. dépr. stocks →	78173. Repr. dépr. stocks
68174. Dot. dépr. créances →	78174. Repr. dépr. créances
68665. Dot. dépr. VMP →	78665. Repr. dépr. VMP

Exemple : une entreprise constate une dépréciation de 200 € (un risque de non-remboursement) sur une créance de valeur d'origine de 1 000 €.

Cas 1. Quelques mois après cette constatation, le risque n'est plus justifié, le client paye les 1 000 € qu'il doit à l'entreprise. Il faut reprendre la dépréciation et enregistrer l'encaissement des 1 000 €.

Au journal

	Débit	Crédit
512. Trésorerie	1 000	
416. Clients douteux		1 000
491. Dépréciation créances	200	
78174. Reprises sur dépr. créances		200

Cas 2. Quelques mois après le risque se réalise. Le client ne paye que 800 €. La dépréciation de 200 € est reprise, un encaissement de 800 € et une perte de 200 € sont comptabilisés.

Au journal

	Débit	Crédit
512. Trésorerie	800	
416. Clients douteux		800
491. Dépréciation créances	200	
78174. Reprises sur dépr. créances		200
654. Pertes sur créances irrécouvrables	200	
416. Clients douteux		200

Cas 3. Finalement, le client se révèle totalement insolvable. Il faut reprendre la dépréciation et enregistrer une perte de 1 000 €.

Au journal

	Débit	Crédit
491. Depréciation créances 78174. Reprises sur dépr. créances	200	 200
654. Pertes sur créances irrécouvrables 416. Clients douteux	1 000	 1 000

4 Le cas des hausses de valeur probables

De même qu'il peut y avoir des risques de perte de valeur, il peut aussi y avoir des **risques de hausse de valeur**.

Exemple : la valeur d'actifs financiers peut augmenter en Bourse, entraînant une plus-value potentielle.

FICHE 20

A. Le principe de prudence

En **comptabilité française**, le choix a été fait de ne pas comptabiliser ces hausses de valeur probables au nom du principe de prudence. En effet, l'enregistrement est risqué car les hausses d'actifs augmentent le résultat et, de ce fait, les capitaux propres. Elles pourraient, par conséquent, inciter les entreprises à s'endetter davantage. Si la conjoncture se retournait, des pertes importantes seraient alors comptabilisées, entraînant l'effondrement du montant des capitaux propres. L'entreprise se retrouverait alors en situation de surendettement.

Le principe de prudence est **anticyclique** : il diminue le dynamisme en période de prospérité, mais il limite les difficultés en période de repli.

B. Le principe de juste valeur

Les **normes anglo-saxonnes** et les **normes internationales** (IFRS) s'appuient sur un autre principe : la juste valeur (*fair value* ou *mark to market*). Les actifs sont alors constamment évalués à leur valeur de marché, à la hausse ou à la baisse.

L'application de ce principe a, à l'opposé, un effet procyclique : en période de boom économique, il accentue le dynamisme des entreprises en augmentant les capacités d'emprunt ; en période de récession, il accélère leurs difficultés avec des possibilités de faillite non négligeables.

Même si la différence entre les deux systèmes est réelle, il faut cependant en relativiser l'impact. Les organismes de crédit qui accordent des prêts aux entreprises connaissent ces règles comptables et doivent en tenir compte dans la délivrance des prêts. Par ailleurs, le principe de juste valeur ne s'applique normalement pas en cas de bulle spéculative, même s'il est évidemment difficile de les anticiper.

APPLICATIONS

QCM

Choisissez, parmi les propositions suivantes, la ou les bonne(s) réponse(s).

20.1. Estelle constate que la valeur de marché de son local est inférieure à sa valeur nette comptable. Que doit-elle faire ?

- ○ **a.** Il faut qu'elle enregistre une dépréciation.
- ○ **b.** Il faut qu'elle estime d'abord combien ce local vaut pour elle.

20.2. Estelle constate que la valeur de marché de son local est supérieure à sa valeur nette comptable. Que doit-elle faire ?

- ○ **a.** Elle doit reprendre toutes les dépréciations qu'elle aurait pu passées sur ce local.
- ○ **b.** Elle ne doit pas reprendre les dépréciations au nom du principe de prudence.

20.3. Un des clients d'Estelle lui demande un crédit pour payer ce qu'il lui doit. Quelles en sont les conséquences ?

- ○ **a.** Estelle doit enregistrer une dépréciation concernant cette créance.
- ○ **b.** Le total de son actif est modifié.
- ○ **c.** Elle n'enregistre pas de charge supplémentaire.

20.4. Une dépréciation :

- ○ **a.** peut concerner une créance ou une dette.
- ○ **b.** ne modifie pas le total du passif.
- ○ **c.** modifie le total de l'actif.

20.5. Estelle reprend une dépréciation qu'elle avait enregistrée à l'exercice précédent. Comment cette opération se traduit-elle ?

- ○ **a.** Son résultat, l'année de la reprise, n'est pas affecté par cette reprise.
- ○ **b.** Ses charges, l'année de la reprise, ne sont pas affectées par cette reprise.

20.6. Estelle détient des valeurs mobilières de placement. Elle a acheté ces titres à 1 000 € l'unité il y a deux ans. Ils valent aujourd'hui 900 € chacun sur le marché. Que fait Estelle ?

- ○ **a.** Elle crédite le compte 59.
- ○ **b.** Elle débite le compte 59.

20.7. Une partie du stock de produits finis d'Estelle risque de se perdre. Quelle répercussion ce constat a-t-il ?

- ○ **a.** Le passif de l'entreprise d'Estelle va diminuer.
- ○ **b.** L'actif de l'entreprise d'Estelle va diminuer.

Exercice 20.1. Comptabiliser les opérations relatives aux placements de trésorerie

Une entreprise pratique une gestion active de sa trésorerie et place régulièrement des sommes conséquentes en actions :

- elle a acheté 1 000 actions MAD au prix unitaire de 30 € le 31 juillet N. Au 31 décembre N, ces actions avaient une valeur unitaire de 35 € ;
- elle a également acheté des actions CAT (500 au prix unitaire de 45 € au mois d'août N). Au 31 décembre N, ces actions avaient une valeur unitaire de 40 €.

L'entreprise doit-elle enregistrer au 31 décembre N une écriture dans sa comptabilité relativement aux actions MAD et CAT ? Justifier. Passer le cas échéant ces opérations au journal.

Exercice 20.2. Traiter comptablement les difficultés liées au recouvrement des créances

Au 31 décembre N–1, une entreprise pense que plusieurs de ses clients auxquels elle a fait crédit risquent de ne pas lui payer ce qu'ils lui doivent, ceux-ci n'ayant pas répondu à ses multiples relances.

Soucieuse de la bonne application des règles comptables, elle décide donc de passer des écritures de dépréciation pour ces clients devenus douteux. Il s'agit des clients :

- J. Montant de la créance : 30 000 €, paiement prévu au 30 janvier N, risque sur 50 % de la créance ;
- M. Montant de la créance : 25 000 €, paiement prévu au 30 avril N, risque sur 25 % de la créance.

Le 15 janvier N, l'entreprise réalise que le client J ne va pas honorer sa dette. Il est parti avec femme et enfants aux Caraïbes et ne semble pas avoir indiqué de date de retour…

Le client M, quant à lui, montre davantage de difficultés vers la mi-février : le risque devrait porter sur 60 % de la créance. Cependant, après maints efforts, il se redresse pendant l'été et paye 80 % de sa dette pour solde de tout compte le 28 août N.

Passer les écritures nécessaires à ces deux créances entre le 31 décembre N–1 et la fin août N.

CORRIGÉS

QCM

20.1. ✔ b. Pour savoir quand passer une dépréciation, il faut effectuer un test de dépréciation, en comparant la valeur nette comptable du bien à sa valeur actuelle. Cette dernière est définie comme le maximum de la valeur de marché et de la valeur d'usage (la valeur qu'a le bien pour l'entreprise). Ne regarder que la valeur de marché ne suffit donc pas.

20.2. ✔ a. Le principe de prudence interdit d'inscrire au bilan une valeur pour une immobilisation supérieure à sa valeur nette comptable. Reprendre des dépréciations ne peut cependant en aucun cas faire dépasser la valeur nette comptable car les dépréciations sont enregistrées quand la valeur actuelle du bien est inférieure à sa valeur nette comptable. Si la valeur de marché est supérieure à la valeur nette comptable, les dépréciations ne se justifient plus et le bien doit être évalué à sa valeur nette comptable.

20.3. ✔ c. Faire crédit à un client n'engendre pas nécessairement de risque, c'est une pratique courante de la vie des affaires. Il n'y a donc pas lieu d'enregistrer une dépréciation (donc aucune charge supplémentaire, ni modification de l'actif). Pour une entreprise, faire crédit à un client, c'est avoir une créance sur ce client au lieu d'un encaissement immédiat. Une créance étant un actif, il n'y a pas de modification au niveau du total de l'actif.

20.4. ✔ c. Il ne peut y avoir de risque sur une dette (ce ne serait pas un risque de ne pas avoir à tout payer). Par ailleurs, une dépréciation constitue une charge qui affecte le résultat et par conséquent les capitaux propres. Le total du passif est donc affecté car la contrepartie de la dépréciation est à l'actif soustractif. Le total du passif et le total de l'actif sont donc diminués.

20.5. ✔ b. Une reprise de dépréciation est enregistrée en produit, ce qui affecte le résultat. Elle n'affecte en revanche pas les charges.

20.6. ✔ a. Une dépréciation sur les VMP s'enregistre en débitant le compte de charges « dotation aux dépréciations des VMP) et en créditant le compte « dépréciations VMP » qui se situe à l'actif soustractif (compte 59).

20.7. ✔ a. ✔ b. Une dépréciation constitue une charge, qui fait diminuer le résultat et par voie de conséquence les capitaux propres et le passif. Comme la dépréciation est enregistrée à l'actif soustractif, elle fait également diminuer l'actif.

Exercice 20.1. Comptabiliser les opérations relatives aux placements de trésorerie

L'entreprise doit appliquer le principe de prudence. Elle doit donc enregistrer les pertes de valeur probables (les actions CAT), mais pas les gains de valeur probables (les actions MAD).

Sur les actions CAT, l'entreprise peut perdre 500 × (45 – 40) = 2 500 €.

Écritures au journal

	Débit	Crédit
68665. Dotations aux dépréciations VMP	2 500	
59. Prov. pr. dépr. VMP		2 500

Exercice 20.2. Traiter comptablement les difficultés liées au recouvrement des créances

		Débit	Crédit
31/12/N–1	416. Clients douteux	55 000	
	411. Clients		55 000
31/12/N–1	68174. Dotations dépr. créances	21 250	
	491. Dépréciation clients		21 250
15/01/N	491. Depréciation créances	15 000	
	78174. Reprises sur dépr. créances		15 000
15/01/N	654. Pertes sur créances irrécouvrables	30 000	
	416. Clients douteux		30 000
15/02/N	68174. Dotations dépr. créances	8 750	
	491. Dépréciation clients		8 750
28/08/N	512. Trésorerie	20 000	
	416. Clients douteux		20 000
28/08/N	491. Depréciation créances	15 000	
	78174. Reprises sur dépr. créances		15 000
28/08/N	654. Pertes sur créances irrécouvrables	5 000	
	416. Clients douteux		5 000

Quand un client devient douteux, il est transféré vers le compte 416 « Clients douteux » pour le montant total de la créance, soit ici : 30 000 + 25 000 = 55 000 €.

Le montant des dotations au 31 décembre N–1 se calcule comme suit : 0,5 × 30 000 + 0,25 × 25 000 = **21 250 €**.

Au 15/01/N, concernant le client J, il faut enregistrer une perte pour le montant total de la créance (30 000 €) et reprendre la dépréciation de 15 000 €. L'effet sur le résultat de cette perte sera donc étalé entre N–1 et N (c'est l'objectif des dépréciations).

Au 15/02/N, concernant le client M, il faut enregistrer une dépréciation supplémentaire. Le risque portant alors sur 60 % de la créance, le montant total de la dépréciation s'élève à 15 000 €.

Dans la mesure où 6 250 € ont déjà été comptabilisés, la dotation supplémentaire est de 8 750 €.

Au 28/08/N, l'intégralité de la dépréciation (15 000 €) est reprise et l'entreprise enregistre une perte sur 20 % de la créance (5 000 €) et une augmentation de trésorerie de 20 000 €.

FICHE 21

Les provisions

1 Les provisions pour risques et charges

A. Provisions *vs* dépréciations

Les **provisions pour risques et charges** se distinguent des dépréciations dans la mesure où elles permettent d'enregistrer un **risque de perte de valeur d'ordre général**, non lié à un actif spécifique.

Comme les dépréciations, les provisions peuvent être reprises si le risque s'annule. Elles peuvent également se traduire par des pertes réelles. Les risques de gains ne sont, quant à eux, pas comptabilisés (principe de prudence).

Exemple : une provision pour litiges peut être comptabilisée en cas de procès dont l'issue n'est pas encore certaine.

B. L'enregistrement des provisions

Pour enregistrer une provision, l'entreprise comptabilise une **charge** appelée « dotation pour provision » en contrepartie du crédit d'un **compte de provisions**. Celui-ci ne se situe pas à l'actif soustractif, comme les amortissements et les dépréciations, mais au **passif**. En diminuant le résultat, la dotation fait baisser les capitaux propres. L'enregistrement de la provision au passif équilibre le bilan.

La comptabilisation au passif permet de constituer une **réserve de précaution**. Les sommes ne sont en effet **pas dans les capitaux propres** mais dans un compte distinct (les comptes de provisions) et ne sont donc pas disponibles pour investir, par exemple.

Dans les **charges**, les dotations aux provisions sont classées selon leur caractère d'exploitation (6815), financier (6865) ou exceptionnel (6875). Au passif, il faut distinguer les **provisions pour risques** (commençant par 151) et les **provisions pour charges** (comptes 157 et 158).

FICHE 21

Exemple

Une entreprise a un risque de perte de 1 000 € lié à un litige en cours.

Au journal

	Débit	Crédit
6875. Dotations aux provisions exceptionnelles 1511. Provisions pour litiges	1 000	 1 000

Au bilan

Actif	Passif
	Capitaux propres baisse de 1 000 € Provisions en hausse de 1 000 €

→ Le total du passif n'est pas modifié.

Si le litige disparaît, la provision doit être reprise.

Au journal

	Débit	Crédit
1511. Provisions pour litige 7875. Reprise sur prov. excep.	1 000	 1 000

Au bilan

Actif	Passif
	Capitaux propres en hausse de 1 000 € Provisions en baisse de 1 000 €

→ Le total passif n'est pas modifié.

2 Les amortissements dérogatoires

A. Les provisions réglementées

Les provisions permettant de faire diminuer le résultat et donc l'impôt, l'administration fiscale vérifie que leur comptabilisation est justifiée. À l'inverse, l'État peut également se servir de ce mécanisme pour accorder des **avantages fiscaux** aux entreprises (dans le cadre des « provisions réglementées »).

Une des principales **provisions réglementées** concerne les **amortissements dérogatoires**. L'État autorise sous certaines conditions les entreprises à comptabiliser un amortissement supérieur à ce qui est **justifié économiquement** au début de l'utilisation du bien. L'entreprise paye ainsi **moins d'impôt** à ce moment-là (mais davantage à la fin).

B. La comptabilisation des amortissements dérogatoires

La comptabilisation de l'amortissement dérogatoire se fait **séparément** de l'amortissement justifié économiquement :

- l'entreprise comptabilise d'abord l'**amortissement justifié économiquement** (débit du compte 68 et crédit du compte 28) ;
- puis, elle enregistre l'**amortissement supplémentaire** dans les charges, au compte 68725 « **Amortissements dérogatoires** ». Cette opération permet d'impacter le résultat, en contrepartie du compte d'amortissements dérogatoires situé au passif (compte 145). Quand, à la fin du cycle de vie du bien, l'amortissement justifié économiquement devient supérieur à ce qui est autorisé fiscalement, la **provision est reprise** par le crédit du compte 78725 « Reprises sur amortissements dérogatoires » et le débit du compte 145.

Cette double écriture permet de bien identifier dans les charges d'amortissement ce qui relève d'un **avantage fiscal** et de ne pas affecter la **valeur de l'immobilisation** à l'actif. Le **principe de l'image fidèle** est ainsi respecté.

Exemple : une entreprise acquiert une machine de 100 000 €. L'amortissement justifié économiquement est un amortissement linéaire sur 5 ans. L'administration fiscale autorise cependant l'entreprise à amortir le bien selon le système dégressif. L'immobilisation étant amortie sur 5 ans, le taux d'amortissement linéaire correspondant est de 20 %. La dotation annuelle justifiée économiquement est de 20 000 €. Si l'entreprise utilise le système dégressif, sachant que pour les durées d'amortissement de 5 ans le coefficient est de 1,75, elle multiplie 20 % par 1,75 ce qui fait 35 % (pour le détail des calculs, voir la fiche 19 sur les amortissements).

Tableau d'amortissement

Année	Dotation annuelle aux amortissements justifiée économiquement (système linéaire) (1)	Dotation aux amortissements autorisée fiscalement (système dégressif) (2)	Dotation / Reprise aux amortissements dérogatoires (2) – (1)
N	20 000	= 100 000 × 0,35 = 35 000	15 000 (dotation)
N+1	20 000	= 65 000 × 0,35 = 22 750	2 750 (dotation)
N+2	20 000	= 42 250/3 = 14 083	– 5 917 (reprise)
N+3	20 000	= 14 083	– 5 917 (reprise)
N+4	20 000	= 14 083	– 5 917 (reprise)

FICHE 21

Écritures au journal de N à N+4

		Débit	Crédit
31/12 N	681. Dotations aux amortissements	20 000	
	28. Amortissements		20 000
	68725. Dotations aux amortissements dérogatoires	15 000	
	145. Amortissements dérogatoires		15 000
31/12/ N+1	681. Dotations aux amortissements	20 000	
	28. Amortissements		20 000
	68725. Dotations aux amortissements dérogatoires	2 750	
	145. Amortissements dérogatoires		2 750
31/12/ N+2	681. Dotations aux amortissements	20 000	
	28. Amortissements		20 000
	145. Amortissements dérogatoires	5 917	
	78725. Reprises sur amortissements dérogatoires		5917
31/12/ N+3	681. Dotations aux amortissements	20 000	
	28. Amortissements		20 000
	145. Amortissements dérogatoires	5 917	
	78725. Reprises sur amortissements dérogatoires		5917
31/12/ N+4	681. Dotations aux amortissements	20 000	
	28. Amortissements		20 000
	145. Amortissements dérogatoires	5 917	
	78725. Reprises sur amortissements dérogatoires		5917

Au compte de résultat au 31 décembre N

Charges		Produits	
681. Dotation aux amortissements	20 000		
68725. Dot. amort. dérogatoires	15 000		
		Perte	35 000

Au bilan au 31 décembre N

Actif		Passif	
Immobilisation :		Capitaux propres :	
21.Valeur brute	100 000	Apport initial	100 000
28. Amortissements	20 000	Résultat	– 35 000
Valeur nette comptable	80 000	Provisions réglementées	15 000
Total actif	80 000	Total passif	80 000

Au compte de résultat au 31 décembre N+1

Charges		Produits	
681. Dotation aux amortissements	20 000		
68725. Dot. amort. dérogatoires	2 750		
		Perte	22 750

Au bilan au 31 décembre N+1

Actif		Passif	
Immobilisation :		Capitaux propres :	
21.Valeur brute	100 000	Apport initial	100 000
28. Amortissements	40 000	Réserves	– 35 000
Valeur nette comptable	60 000	Résultat	– 22 750
		Provisions réglementées	17 750
Total actif	60 000	Total passif	60 000

Au compte de résultat au 31 décembre N+2, 31 décembre N+3 et 31 décembre N+4

Charges		Produits	
681. Dotation aux amortissements	20 000	78725. Reprises amort. dérogatoires	5 917
		Perte	14 083

Au bilan au 31 décembre N+2

Actif		Passif	
Immobilisation :		Capitaux propres :	
21.Valeur brute	100 000	Apport initial	100 000
28. Amortissements	60 000	Réserves	– 57 750
Valeur nette comptable	40 000	Résultat	– 14 083
		Provisions réglementées	11 833
Total actif	40 000	Total passif	40 000

Les amortissements au compte 28 sont de 60 000 € (trois années d'amortissement). Les réserves sont constituées par les pertes des deux premières années (35 000 € + 22 750 €). Les provisions réglementées sont égales aux dotations des deux premières années moins la reprise de l'année N+2 (15 000 + 2 750 – 5917).

Au bilan au 31 décembre N+3

Actif		Passif	
Immobilisation :		Capitaux propres :	
21.Valeur brute	100 000	Apport initial	100 000
28. Amortissements	80 000	Réserves	– 71 833
Valeur nette comptable	20 000	Résultat	– 14 083
		Provisions réglementées	5 917
Total actif	20 000	Total passif	20 000

Au bilan au 31 décembre N+4

Actif		Passif	
Immobilisation :		Capitaux propres :	
21.Valeur brute	100 000	Apport initial	100 000
28. Amortissements	80 000	Réserves	– 85 916
Valeur nette comptable	0	Résultat	– 14 083
		Provisions réglementées	0
Total actif	0	Total passif	0

Attention

Les provisions réglementées (comptes commençant par 14) font partie des capitaux propres contrairement aux provisions pour risques et charges (comptes commençant par 15).

APPLICATIONS

QCM

Choisissez, parmi les propositions suivantes, la ou les bonne(s) réponse(s).

21.1. Une entreprise est en conflit avec un de ses partenaires. L'affaire est portée au tribunal. L'entreprise risque de devoir débourser 1 000 €. Qu'en déduit-on ?

- ○ **a.** L'entreprise enregistre une dépréciation sur sa trésorerie.
- ○ **b.** Le total de son actif n'est pas modifié.

21.2. Une provision pour risque et charge fait diminuer :

- ○ **a.** les capitaux propres.
- ○ **b.** le passif.
- ○ **c.** l'actif.

21.3. Le compte 68 :

- ○ **a.** est réservé aux dotations aux amortissements.
- ○ **b.** ne concerne que les amortissements et dépréciations.
- ○ **c.** inclut les provisions à caractère d'exploitation mais pas celles à caractère financier.
- ○ **d.** permet d'enregistrer, entre autres, les dotations aux amortissements dérogatoires.

21.4. Utiliser l'amortissement dérogatoire permet de diminuer la charge d'impôt :

- ○ **a.** sur toute la durée de vie du bien.
- ○ **b.** au début de la période d'utilisation du bien.

21.5. Les amortissements dérogatoires :

- ○ **a.** font baisser la valeur nette comptable de l'immobilisation au début de la vie du bien.
- ○ **b.** modifient le total de l'actif.
- ○ **c.** modifient le total du passif.
- ○ **d.** ne modifient pas le total des capitaux propres

21.6. Les reprises pour amortissements dérogatoires :

- ○ **a.** sont un produit encaissable.
- ○ **b.** affectent le bénéfice fiscal.

21.7. Pour un bien acquis et mis en service le 16 avril N dont l'amortissement linéaire est économiquement justifié mais qui bénéficie fiscalement de l'amortissement dégressif, il faut comptabiliser l'amortissement économiquement justifié en 681 pour N à partir du :

- ○ **a.** 1er avril N.
- ○ **b.** 16 avril N.

Exercice 21.1. Comptabiliser des amortissements dérogatoires

Le 10 septembre N, une entreprise acquiert une machine pour 35 000 €. Cette machine n'est mise en service qu'un mois plus tard, le 16 octobre. Elle a une durée de vie de 5 ans et l'amortissement linéaire est économiquement justifié. Cependant, l'administration fiscale autorise le recours à l'amortissement dégressif (coefficient : 1,75).

À la même date, l'entreprise acquiert également un logiciel pour 8 000 €. Il est mis en service immédiatement. Sa durée de vie prévue est de trois ans et l'amortissement linéaire est économiquement justifié. Cependant, l'administration fiscale autorise son amortissement sur un an.

L'entreprise souhaite utiliser tous les avantages fiscaux qui lui sont offerts.

a. Établir les tableaux d'amortissement des deux immobilisations en distinguant bien les amortissements dérogatoires.

b. Enregistrer au journal les écritures pour les amortissements de N, N+1 et N+2.

Exercice 21.2. Maîtriser l'impact des stocks, amortissements, dépréciations et provisions sur le modèle comptable

Ariane vous indique que son entreprise possède au 1er janvier N :

- un bâtiment acheté à 100 000 € le 1er janvier N–11 (amortissable linéairement en 20 ans) ;
- des dettes fournisseurs pour un total de 1 000 € ;
- des stocks de matières premières pour 200 € et de produits finis pour 5 000 € ;
- des créances clients d'une valeur de 1 000 € mais présentant un risque de non-remboursement de 10 % ;

– une trésorerie de 80 000 € ;
– un emprunt de 55 000 €.

N.B. : il n'est pas tenu compte ici de la TVA.

a. Établir le bilan de l'entreprise d'Ariane au 1er janvier N. Détailler les calculs le cas échéant. À combien s'élèvent les capitaux propres ?

Pendant l'année N, l'entreprise d'Ariane effectue les opérations suivantes :

– règlement des dettes fournisseurs ;
– réalisation du risque de non-remboursement de 10 % sur les créances. Le reste des créances est réglé ;
– achats de matières premières pour un montant de 150 000 € au comptant ;
– ventes de produits finis le 15 mai et le 15 novembre, pour 50 000 € à chaque fois. Les opérations sont réalisées à crédit, les clients payent trois mois plus tard.

Au 31 décembre N, Ariane constate :

– des stocks de matières premières égaux à 500 € et aucun stock de produits finis ;
– un risque de perte sur un litige en cours de l'ordre de 500 € ;
– un passage de la valeur de marché du bâtiment à 45 000 €.

b. Procéder à l'enregistrement des opérations courantes et des opérations d'inventaire de l'exercice N (en distinguant les deux types d'opérations) au journal.

c. Établir le compte de résultat et le bilan de l'entreprise d'Ariane au 31 décembre N. À combien le résultat, le nouveau patrimoine et la trésorerie s'élèvent-ils ? Comparer le résultat et l'évolution de la trésorerie. Comment la différence constatée s'explique-t-elle ?

CORRIGÉS

QCM

21.1. ✓b. Un risque de litige n'affecte pas un actif précis, il ne faut pas enregistrer une dépréciation, mais une provision. Le résultat est affecté (comme les capitaux propres) car c'est une charge supplémentaire. Cependant, le total du passif n'est pas affecté car la provision est enregistrée au passif. Le total de l'actif n'est pas non plus modifié.

21.2. ✓a. Une provision est une charge qui fait diminuer le résultat et donc les capitaux propres. En revanche, la contrepartie de la charge est une augmentation du passif qui compense la baisse des capitaux propres. Il n'y a donc pas d'impact sur le total du passif. Une provision n'impacte jamais l'actif.

21.3. ✓d. Le compte 68 est utilisé pour tous les amortissements, dépréciations et provisions quelle que soit leur nature.

21.4. ✓b. L'amortissement dérogatoire ne permet pas de diminuer globalement l'impôt sur l'ensemble de la vie du bien, mais seulement d'en modifier sa répartition dans le temps.

21.5. ✓d. Les amortissements dérogatoires ne sont pas enregistrés à l'actif soustractif comme les amortissements économiquement justifiés mais au passif. Ils n'affectent donc pas la valeur nette comptable du bien. Ils sont enregistrés dans un compte de provisions réglementées qui fait partie des capitaux propres. La baisse du résultat est compensée par la hausse du compte de provisions. Le total des capitaux propres et du passif n'est donc pas modifié.

21.6. ✅ **b.** Les amortissements dérogatoires, comme les amortissements en général, n'affectent en aucun cas la trésorerie. Celle-ci est créditée le jour de l'acquisition du bien mais n'est plus modifiée ensuite. En revanche, les amortissements dérogatoires représentent un produit en cas de reprises, dont il sera tenu compte pour le calcul du bénéfice fiscal. Les reprises pour amortissements dérogatoires font donc mécaniquement augmenter l'impôt.

21.7. ✅ **b.** Il faut comptabiliser séparément ce qui relève de l'amortissement économiquement justifié (compte 681) de l'amortissement dérogatoire supplémentaire (compte 68725). En système linéaire, il faut comptabiliser l'amortissement à partir du jour de mise en service (ici, le 16 avril N).

Exercice 21.1. Comptabiliser des amortissements dérogatoires

a. Tableaux d'amortissement

– Machine

Amortissement linéaire (économiquement justifié)

Année	Dotation amortissements linéaires (1)
N	1 458
N+1	7 000
N+2	7 000
N+3	7 000
N+4	7 000
N+5	5 542

Pour N, il faut appliquer un *prorata temporis* à partir du 16 octobre, date de la mise en service, soit 75 jours (15 jours + 2 mois pleins). D'où :

Dotation N = (35 000/5) × (75/360) = 1 458 €. Le complément, 5 542 €, est inscrit en dotation pour N+5.

Amortissement dégressif et amortissement dérogatoire

Année	VNC début d'année	Dotation amortissements dégressifs (2)	VNC fin d'année	Dotation/Reprise aux amortissements dérogatoires (2) – (1)
N	35 000	4 083	30 917	2 625 (dotation)
N+1	30 917	10 821	20 096	3 821 (dotation)
N+2	20 096	7 033	13 063	33 (dotation)
N+3	13 063	6 531,5	6 531,5	– 468,5 (reprise)
N+4	6 531,5	6 531,5	0	– 468,5 (reprise)
N+5				– 5 542 (reprise)

Pour le calcul de la dotation en amortissement dégressif :

Calcul du taux : Taux d'amortissement linéaire × Coefficient pour le système dégressif = 20 % × 1,75 = 35 %. L'amortissement est comptabilisé à partir du 1er jour du mois d'acquisition, soit le 1er septembre N. Dotation N = 35 000 × 0,35 × (4/12) = 4 083 €.

En N+1 et N+2, le taux de 35 % est appliqué à la valeur nette comptable. À partir de N+3, la dotation en système dégressif (13 063 × 0,35) devient inférieure à la dotation en système linéaire (7 000). Il faut donc basculer en système linéaire pour deux ans (13 063 /2 = 6 531,50).

– Logiciel

Année	Dotation amortissements linéaires (1)	Dotation autorisée fiscalement (2)	Dotation / Reprise aux amortissements dérogatoires (2) – (1)
N	815	2 444	1 629
N+1	2 667	5 556	2 889
N+2	2 667		– 2 667 (reprise)
N+3	1 851		– 1 851 (reprise)

Calcul de la dotation en système linéaire en N

Le taux d'amortissement linéaire est de 1/3 et il faut appliquer un *prorata temporis*, l'entreprise n'ayant bénéficié du bien que sur 110 jours (20 + 3 × 30). La dotation se calcule comme suit : (8 000/3) × (110/360) = 815 €. Le complément est inscrit en année N+3.

Pour le calcul de la dotation autorisée fiscalement, il faut appliquer le *prorata temporis* directement à 8 000, ce qui donne : 8 000 × 110/360 = 2 444 €. Le complément est inscrit en N+1.

b. Enregistrement des écritures au journal

		Débit	Crédit
Fin N	681. Dotations aux amortissements	2 273	
	28. Amortissements		2 273
	68725. Dotations aux amortissements dérogatoires	4 254	
	145. Amortissements dérogatoires		4 254
Fin N+1	681. Dotations aux amortissements	9 667	
	28. Amortissements		9 667
	68725. Dotations aux amortissements dérogatoires	6 710	
	145. Amortissements dérogatoires		6 710
Fin N+2	681. Dotations aux amortissements	9 667	
	28. Amortissements		9 667
	145. Amortissements dérogatoires	2 634	
	78725. Reprises sur amortissements dérogatoires		2 634

En N, pour les amortissements linéaires, il faut ajouter 1 458 à 815, soit 2 273 €. Pour les amortissements dérogatoires, il faut ajouter 2 625 à 1 629, soit 4 254 €.

En N+1 et N+2, les amortissements linéaires se calculent comme suit : 7 000 + 2 667 = 9 667 €.

En N+1, les amortissements dérogatoires se calculent de la façon suivante : 3 821 + 2 889 = 6 710 €.

En N+2, il s'agit d'une reprise nette car les reprises pour le logiciel dépassent les dotations pour la machine : 2 667 – 33 = 2 634 €.

Exercice 21.2. Maîtriser l'impact des stocks, amortissements, dépréciations et provisions sur le modèle comptable

a. Bilan au 1er janvier N

Valeur nette comptable (VNC) du bâtiment : 100 000 – (100 000/20) × 11= 45 000 €.

Valeur actuelle des créances : 1 000 × 0,9 = 900 €.

Actif				Passif	
Immobilisations :				Capitaux propres	75 100
	Valeur brute	Amort.	Valeur nette	Emprunt	55 000
Bâtiment	100 000	55 000	45 000	Dettes fournisseurs	1 000
Actifs circulants :					
	Valeur brute	Dépr.	Valeur nette		
Stocks MP	200		200		
Stocks PF	5 000		5 000		
Créances	1 000	100	900		
Trésorerie			80 000		
Total actif			131 100	Total passif	131 100

Pour calculer le total de l'actif, il est rappelé qu'il faut utiliser les valeurs nettes et non les valeurs brutes.

Le montant des capitaux propres s'obtient en utilisant l'égalité actif/passif (total passif = total actif = 131 100 € et donc capitaux propres = 131 100 – 55 000 – 1 000 = 75 100 €).

b. Enregistrement des opérations au journal

Opérations courantes

	Débit	Crédit
411. Dettes fournisseurs	1 000	
512. Trésorerie		1 000
512. Trésorerie	900	
416. Clients douteux		900
654. Pertes sur créances irrécouvrables	100	
416. Clients douteux		100
78174. Reprises sur dépréciations clients	100	
491. Dépréciations clients		100
601. Achat de MP	150 000	
512. Trésorerie		150 000
401. Clients	50 000	
701. Ventes de produits finis (15/05)		50 000
512. Trésorerie	50 000	
401. Clients (15/08)		50 000
401. Clients	50 000	
701. Ventes de produits finis (15/11)		50 000

Le paiement des clients correspondant à la deuxième vente de produits finis n'est pas comptabilisé car celui-ci aura lieu en N+1.

Opérations d'inventaire au 31 décembre N

	Débit	Crédit
68. Dotation amortissement (bâtiment)	5 000	
28. Amortissement		5 000
31. Stocks de matières premières	300	
6031. Variations stocks matières premières		300
713. Production stockée	5 000	
35. Stocks de produits finis		5 000

L'amortissement annuel est de 5 000 € (100 000/20). Il ne faut rien enregistrer concernant la valeur de marché du bâtiment qui est supérieure à la valeur nette comptable (principe de prudence).

Le stock de matières premières a augmenté, l'entreprise ayant plus acheté que consommé. Elle doit donc enregistrer une charge négative pour ajuster le montant des charges à la consommation réelle.

Le stock de produits finis a diminué, l'entreprise ayant plus vendu que produit. Il faut donc enregistrer un produit négatif pour ajuster le montant des produits aux productions.

c. Comptes au 31 décembre N

Compte de résultat

Charges		Produits	
Pertes sur créances	100	Reprises sur dépréciation	100
Achats MP	150 000	Ventes produits finis	100 000
Variations stocks MP	– 300	Production stockée	– 5 000
Dotations amortissements	5 000		
		Résultat (perte)	59 700

Bilan 31 décembre N

Actif				Passif	
Immobilisations :				Capitaux Propres	15 400
	VB	Amts	VNC	Apport initial et réserves	75 100
Bâtiment	100000	60 000	40 000	Résultat	–59 700
Actifs circulants :				Emprunt	55 000
	VB	Dépr.	VA	Trésorerie négative (découvert)	20 100
Stocks MP	500		500		
Créances	50 000		50 000		
Total actif			90 500	Total passif	90 500

Calcul de la trésorerie : Trésorerie initiale + Débits de trésorerie – Crédits de trésorerie = 80 000 – 1 000 + 900 – 150 000 + 50 000 = – 20 100 €.

⟶ La trésorerie est **négative**, l'entreprise d'Ariane est en **découvert**.
Cette trésorerie négative constitue un concours bancaire courant, elle est inscrite au passif.

La variation de la trésorerie s'élève à – 20 100 – 80 000 = – 100 100 € et le résultat à – 59 700 €

⟶ La différence entre les deux est due à deux éléments :

– les opérations qui impactent le compte de résultat mais pas la trésorerie. Ce sont la reprise sur la créance (100) et la perte sur la créance (100), les variations de stocks (matières premières pour –300 et produits finis pour –5 000), les amortissements (5 000) et les ventes à crédit non payées (50 000) ;

– les opérations qui affectent la trésorerie mais pas le résultat. Ce sont le règlement des dettes (1 000) et le règlement des créances (900) ;

– 59 700 (résultat) – 100 + 100 – 300 + 5 000 + 5 000 – 50 000 – 1 000 + 900 = –100 100 €.

FICHE 22

Le rattachement des charges et des produits

1 Le principe de rattachement à l'exercice

Le principe comptable de rattachement des charges et produits à l'exercice auquel ils se rapportent a deux conséquences :

- les produits et les charges **constatés pendant l'exercice** mais qui se rapportent intégralement ou en partie à l'**exercice suivant** doivent être soustraits des charges et produits de l'exercice ;

> **Exemple :** les contrats d'assurance payés à l'avance une fois par an en cours d'année (l'intégralité de la somme ne se rapportant pas à l'exercice considéré).

- les produits et les charges qui n'ont **pas encore été constatés** mais qui se rapportent à l'**exercice en cours** doivent être ajoutés aux charges et produits de l'exercice.

> **Exemple :** les marchandises reçues mais dont la facture n'est pas encore parvenue (et donc pas encore comptabilisée) doivent être prises en compte.

Figure 22.1. Le principe de rattachement à l'exercice

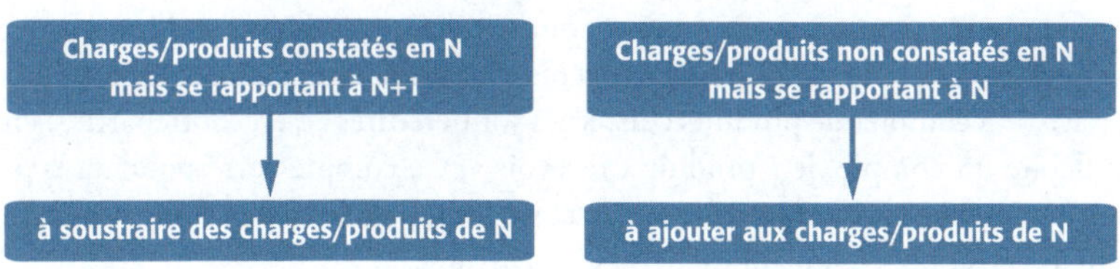

2 Les charges et les produits constatés d'avance

A. Les produits constatés d'avance

Ils ne doivent pas figurer dans les produits de l'exercice. Pour les en soustraire, le **compte de produit** concerné est débité. En contrepartie, l'entreprise crédite un **compte d'attente** au passif du bilan : le compte 487 « Produit constaté d'avance ».

B. Les charges constatées d'avance

La pratique est la même pour les charges constatées d'avance. Elles sont en revanche créditées et l'entreprise débite en contrepartie le **compte d'attente** 486 « Charges constatées d'avance » à l'actif du bilan

Les écritures doivent être contrepassées, c'est-à-dire enregistrées en sens contraire, dès la réouverture des comptes au 1er janvier de l'année suivante.

Exemple : une entreprise paye le loyer d'un de ses locaux par trimestre et à l'avance. Au 1er novembre N, elle a ainsi réglé et comptabilisé dans ses charges les loyers de novembre, décembre et janvier pour un montant total de 1 200 €. Au 31 décembre N, il convient donc de soustraire le montant correspondant au loyer de janvier N+1 qui ne se rapporte pas à l'exercice. Celui-ci constitue en effet une charge constatée d'avance.

Au journal

		Débit	Crédit
Régularisation à l'inventaire au 31/12/N	486. Charges constatées d'avance 613. Loyer	400	 400
Contrepassation au 01/01/N+1	613. Loyer 486. Charges constatées d'avance	400	 400

FICHE 22

3 Les charges à payer et les produits à recevoir

A. Les produits à recevoir

Les produits qui n'ont pas encore été comptabilisés (pièce comptable non encore parvenue) mais qui se rapportent à l'exercice doivent être ajoutés aux produits de l'exercice. Les comptes de produits concernés sont **crédités** et, en contrepartie, l'entreprise débite un compte de « produit à recevoir ». Ce compte correspond au **type de créance** que l'entreprise devrait recevoir mais comporte le chiffre 8 en troisième ou quatrième position, indiquant qu'il est « à recevoir ».

B. Les charges à payer

Le principe est le même pour les charges qui n'ont pas encore été comptabilisées mais qui se rapportent à l'exercice. Elles sont ajoutées aux charges en débitant les comptes de charges concernés et en contrepartie l'entreprise crédite le compte « charge à payer ». Ce compte correspond au **type de dette** que l'entreprise aura à payer mais, comme pour les produits à recevoir, comporte un chiffre 8 en troisième ou quatrième position, l'identifiant comme un compte « d'attente ».

Tableau 22.1. Les comptes de régularisation pour les produits à recevoir et les charges à payer

Comptes de régularisation pour les produits à recevoir	Comptes de régularisation pour les charges à payer
418. Factures à établir	408. Factures non parvenues 448. État, charges à payer 428. Personnel, charges à payer 438. Organismes sociaux, charges à payer
4687. Divers – Produits à recevoir	4686. Divers – Charges à payer
4098. Fournisseurs – RRR à obtenir	4198. RRR à accorder
2678. Intérêts courus	1688. Intérêts courus

Si les opérations concernées sont soumises à la TVA, il faut comptabiliser les **comptes de créances et dettes TTC** et identifier la TVA :

- la TVA à collecter est enregistrée au compte 44587 « TVA sur facture à établir » ;
- la TVA à déduire est enregistrée au compte 44586 « TVA sur facture non parvenue ».

Attention

La comptabilisation de la TVA est une différence importante avec les charges et produits constatés d'avance : les comptes d'attente (486 et 487) sont en effet enregistrés HT alors que les comptes de régularisation pour les charges à payer (par exemple le compte 408) et produits à recevoir (par exemple le compte 418) sont enregistrés TTC.

Comme pour les produits et charges constatées d'avance, les écritures doivent être contrepassées dès l'ouverture au 1er janvier de l'année suivante.

Exemple : une entreprise a livré pour 1 000 € HT de biens à son client le 29 décembre mais n'a pas encore fait parvenir la facture au 31 décembre. Elle doit comptabiliser un produit à recevoir au 31 décembre.

	Débit	Crédit
418. Client, factures à établir	1 192	
707. Ventes de marchandises		1 000
44587. TVA sur facture à établir		192

Par ailleurs, elle a souscrit un emprunt dont la charge d'intérêt annuelle de 8 200 € est à payer au 31/01/N+1. Les 11/12e de cette charge d'intérêt se rapportent au l'exercice N. Il faut donc les comptabiliser en charges à payer. La TVA n'est pas à régulariser car les charges d'intérêt ne sont pas soumises à TVA.

	Débit	Crédit
661. Charges d'intérêt (11/12 × 8 200)	7 517	
1688. Intérêts courus		7 517

Au 1er janvier, il faut contrepasser les écritures :

	Débit	Crédit
418. Client, factures à établir		1 192
707. Vente de marchandises	1 000	
44587. TVA sur facture à établir	192	
661. Charges d'intérêt (11/12 × 8 200)		7 517
1688. Intérêts courus	7 517	

APPLICATIONS

QCM

Choisissez, parmi les propositions suivantes, la ou les bonne(s) réponse(s).

22.1. Clara a reçu des marchandises de son fournisseur, mais la facture ne lui est pas parvenue au 31 décembre. Quelles en sont les conséquences ?

- ○ **a.** Sa trésorerie a été affectée mais pas son résultat.
- ○ **b.** Il faut qu'elle enregistre une charge supplémentaire.
- ○ **c.** Il faut qu'elle enregistre une charge en moins.

22.2. Les charges constatées d'avance doivent être enregistrées :

- ○ **a.** au débit des charges.
- ○ **b.** au passif.
- ○ **c.** à l'actif.
- ○ **d.** au crédit de la trésorerie.

22.3. Clara prête de l'argent à l'un de ses partenaires contre intérêts. Celui-ci lui verse les intérêts annuels au 15 février. Que doit faire Clara au 31 décembre ?

- ○ **a.** Elle doit débiter le compte 1688.
- ○ **b.** Elle doit débiter le compte 2678.
- ○ **c.** Elle doit débiter le compte 486.
- ○ **d.** Elle doit débiter le compte 487.

22.4. Un avoir accordé par un fournisseur mais dont la facture n'a pas été reçue au 31 décembre doit être comptabilisé :

- ○ **a.** au débit d'un compte de charges.
- ○ **b.** dans les produits.

- ○ **c.** au compte 418.
- ○ **d.** au compte 4098.

22.5. Les charges et les produits constatés d'avance doivent être enregistrés au nom du principe :

- ○ **a.** de prudence.
- ○ **b.** de rattachement à l'exercice.
- ○ **c.** de l'image fidèle.

22.6. Le compte 486 :

- ○ **a.** est un compte de passif.
- ○ **b.** est un compte d'actif.

Exercice. Caractériser et enregistrer des régularisations

Une entreprise dispose à l'inventaire des informations suivantes :

- lot de marchandises d'une valeur de 20 500 € HT reçu (facture non encore parvenue) ;
- facturation d'un contrat de maintenance trimestriel à une entreprise cliente. Le contrat payé d'avance le 01/12/N est de 5 000 € HT ;
- livraison de produits finis à un client d'une valeur de 10 500 € HT effectuée (facture non encore établie) ;
- paiement d'avance du loyer mensuel d'un des locaux de l'entreprise de 2 000 € HT au 31 du mois précédent.

a. Caractériser les opérations de régularisation.

b. Enregistrer les écritures de régularisation nécessaires au 31 décembre.

CORRIGÉS

QCM

22.1. ✓ **b.** Clara doit constater une charge à payer. En effet, elle n'a pas comptabilisé cet achat car la facture ne lui est pas parvenue ; pourtant, les biens ont déjà été livrés. Il faut donc comptabiliser une charge supplémentaire. La facture n'étant pas parvenue, la trésorerie n'a pas été affectée.

22.2. ✓ **c.** Les charges constatées d'avance doivent être créditées en charges et débitées au compte d'attente 486 « Charges constatées d'avance » qui est un compte d'actif. La trésorerie n'est pas affectée par cette écriture de régularisation.

22.3. ✓ **b.** Clara doit comptabiliser un produit à recevoir. En effet, une partie des intérêts versés par le partenaire est rattachable à l'exercice N. Pour cela, elle doit enregistrer un produit financier (au crédit du 76) et débiter le compte « Intérêts courus » 2678.

22.4. ✔ **a.** ✔ **d.** Une RRR (remises, rabais et ristournes) obtenu s'inscrit en moindre charge (au compte 609). C'est un produit à recevoir mais qui est comptabilisé en charge négative (le compte 609 est crédité). En contrepartie, l'entreprise débite le compte 4098 qui identifie la moindre dette à venir à l'égard du fournisseur.

22.5. ✔ **b.** ✔ **c.** Le rattachement des produits à l'exercice se fait au nom du principe qui porte le même nom. C'est aussi une application du principe d'image fidèle qui veut que l'entreprise présente les comptes les plus précis possible. Le principe de prudence implique de comptabiliser les pertes éventuelles. Dans le cas de charges ou produits constatés d'avance, tout est certain.

22.6. ✔ **b.** Le compte 486 est le compte d'attente pour les charges constatées d'avance. Il est inscrit à l'actif et est débité en contrepartie du crédit du compte de charges concerné.

Exercice. Caractériser et enregistrer des régularisations

a. Caractérisation des opérations de régularisations

- Lot de marchandises d'une valeur de 20 500 € HT reçu : il s'agit d'une charge à payer.
- Facturation d'un contrat de maintenance trimestriel à une entreprise cliente : il s'agit d'un produit constaté d'avance.
- Livraison de produits finis à un client d'une valeur de 10 500 € HT effectuée : il s'agit d'un produit à recevoir.
- Paiement d'avance du loyer mensuel d'un des locaux de l'entreprise de 2 000 € HT aux 31 du mois précédent : il s'agit d'une charge constatée d'avance.

b. Enregistrement des écritures de régularisation au 31 décembre

	Débit	Crédit
607. Achat de marchandises	20 500	
44586. TVA sur facture non parvenue	4 018	
4081. Fournisseurs, facture non parvenue		24 518
706. Prestation de services	3 333	
487. Produit constaté d'avance		3 333
418. Client, facture à établir	12 558	
701. Vente de produits finis		10 500
44587. TVA sur facture à établir		2 058
486. Charge constatée d'avance	2 000	
613. Location		2 000

Attention : toutes les écritures devront être contrepassées au 1er janvier suivant.

FICHE 23

Les opérations d'inventaire, le résultat et la variation de trésorerie

1 Les opérations d'inventaire affectant la trésorerie et non le résultat

Certaines opérations d'inventaire n'ont **aucun effet sur le résultat**, mais impactent la **trésorerie** :

– les achats non consommés de matières premières ou de marchandises pèsent sur la trésorerie mais en aucune manière sur le résultat. Les variations de stocks concernés sont en effet soustraites des charges ;

– les ventes de produits finis fabriqués sur une période antérieure augmentent la trésorerie, mais elles sont neutres pour les produits car compensées par un compte de production stockée négatif ;

– les charges constatées d'avance pèsent sur la trésorerie, mais elles sont soustraites des charges de l'exercice. Il en est de même pour les produits constatés d'avance qui sont soustraits des produits.

Figure 23.1. Les types d'opérations d'inventaire sans impact sur le compte de résultat

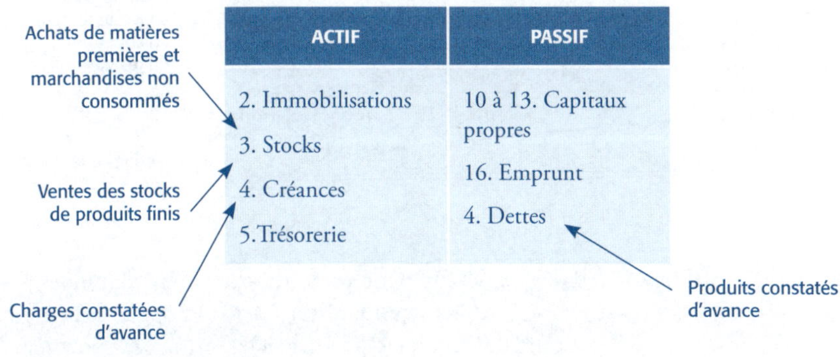

2 Les opérations d'inventaire affectant le résultat et non la trésorerie

Certaines opérations d'inventaire ont un **impact au compte de résultat sans effet sur la trésorerie** :

- la consommation du stock de matières premières ou de marchandises est comptabilisée dans les charges (compte de variation de stock positif), mais elle n'a pas d'influence sur le niveau de la trésorerie. De même, la production de produits finis non vendus (compte de production stockée positif) est ajoutée aux produits, mais elle n'a pas d'impact sur la trésorerie ;
- les dotations aux amortissements, dépréciations et provisions augmentent les charges, mais elles n'ont pas d'effet sur la trésorerie. Pour mémoire : les amortissements et dépréciations diminuent en contrepartie l'actif alors que les provisions augmentent en contrepartie le passif ;
- le virement progressif des subventions d'investissement (au rythme de l'amortissement du bien qu'elles ont participé à financer) au résultat augmente uniquement les produits mais reste sans effet sur la trésorerie ;
- les « charges à payer » sont additionnées aux charges et les « produits à recevoir » aux produits. La trésorerie est inchangée.

Figure 23.2. Les quatre types d'opérations d'inventaire sans impact sur la trésorerie

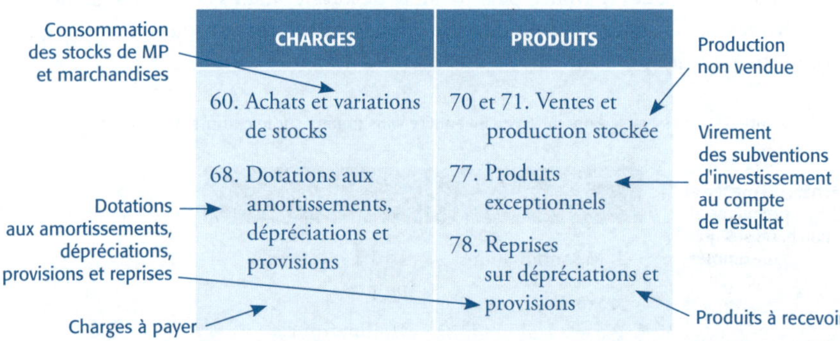

Attention

La comptabilisation d'une provision pour perte de charge fait diminuer le résultat sans affecter la trésorerie (comme toute autre provision) mais l'enregistrement de simples écarts de conversion (actif ou passif) n'impacte ni le résultat, ni la trésorerie (fiche 16).

APPLICATIONS

QCM

Choisissez, parmi les propositions suivantes, la ou les bonne(s) réponse(s).

23.1. Un stock final de produits finis supérieur au stock initial a pour conséquence :

- ○ a. un compte de production stockée positif.
- ○ b. un compte de production stockée négatif.
- ○ c. des produits plus faibles.

23.2. Un stock initial de matières premières supérieur au stock final fait baisser :

- ○ a. les charges.
- ○ b. le résultat.

23.3. Le compte 145 est un compte :

- ○ a. de capitaux propres.
- ○ b. de provision.
- ○ c. de passif.

23.4. Les provisions font :

- ○ a. augmenter les charges.
- ○ b. baisser le total de l'actif.
- ○ c. augmenter le total du passif.

23.5. La comptabilisation d'une charge à payer à l'inventaire :

- ○ a. fait baisser la trésorerie.
- ○ b. fait baisser le résultat.
- ○ c. doit être complétée par une dotation aux provisions.

23.6. Les subventions d'investissement font :

- ○ a. baisser la trésorerie au moment de leur attribution.
- ○ b. augmenter le résultat au moment de leur attribution.
- ○ c. augmenter le résultat exceptionnel pendant la durée de vie du bien.

23.7. Un débit du compte 68 :

- ○ a. fait toujours baisser le résultat.
- ○ b. ne fait jamais baisser la trésorerie.
- ○ c. est toujours complété par un débit du compte 28.

Exercice. Maîtriser les opérations d'inventaire

En tant que stagiaire au service comptable de l'entreprise Compta+, votre responsable vous soumet un certain nombre de questions relatives aux opérations d'inventaire que l'entreprise doit comptabiliser.

1. Amortissement linéaire

Réaliser le tableau d'amortissement d'un matériel d'une durée de vie de 5 ans, amortissable linéairement et acquis le 08/08/N pour un montant de 10 020 €. Ce matériel est mis en service le 03/11/N.

Enregistrer l'écriture d'amortissement au titre de l'exercice N.

2. Amortissement dégressif

Votre responsable vous demande quelles auraient été les différences si l'entreprise pouvait utiliser en le justifiant économiquement le mode d'amortissement dégressif (coefficient de 1,75).

3. Amortissement dérogatoire

Un ordinateur d'une valeur de 2 000 € HT a été acquis le 12 janvier N. Il est livré le 15 février mais il n'est mis en service que le 13 mars. Sa durée d'utilisation est de 5 années et il est attendu que les avantages économiques sont consommés régulièrement au cours du temps.

L'administration fiscale permet de déduire une charge d'amortissement de 1 000 € pour l'ordinateur pour l'année N, une charge de 600 € pour l'année N+1 et une charge de 400 € pour l'année N+2.

a. Établir le plan d'amortissement du matériel.

b. Enregistrer les écritures correspondantes.

4. Dépréciation d'une immobilisation

En N–6, l'entreprise Compta+ a acheté un fonds de commerce pour une valeur de 2 000 000 €.

- Fin N–3, un concurrent s'est installé à côté. L'entreprise Compta+ risquait de perdre 10 % de son activité, entraînant une perte de valeur du fonds de 10 %.
- Fin N–2, la percée du concurrent s'est révélée plus forte que prévue : le fonds de commerce perdant potentiellement 30 % de sa valeur d'origine.
- Courant N, le concurrent a déposé son bilan. Le fonds de commerce est alors estimé à 95 % de sa valeur initiale.

Retrouver les opérations d'inventaire comptabilisées fin N–3, fin N–2 et fin N.

5. Suivi des créances douteuses

À la clôture de l'exercice N–1, une créance de 3 000 € est déclarée douteuse. La perte est estimée à 60 % de la valeur de la créance.

Votre responsable vous demande quelles écritures d'inventaire seraient nécessaires fin N dans les deux cas suivants :

- la créance reste impayée et il est certain que le client ne la réglera plus ;
- le client règle 2 392 € pour solde de tout compte.

6. Provisions pour risques et charges

Au cours de l'exercice N–2, l'entreprise Compta+ a engagé un procès contre un fournisseur ; les frais prévisibles étant de 20 000 €. Le litige est toujours en cours fin N–1 mais son issue paraît plus favorable et la provision est réduite de 75 %. Le procès a eu lieu courant N et les frais réels s'élèvent à 4 000 €.

Retrouver les opérations d'inventaire comptabilisées fin N–2, fin N–1 et fin N.

7. Évaluation des stocks

Voici les renseignements concernant le stock d'une matière première :

01/03/N : stock de 600 kg à 71,70 € le kg

07/03/N : bon d'entrée : 3 000 kg ; coût d'acquisition : 72,60 €

12/03/N : bon de sortie : 2 400 kg

17/03/N : bon d'entrée : 1 800 kg ; coût d'acquisition : 73,80 €

24/03/N : bon de sortie : 2 000 kg

a. Déterminer la valeur des sorties de stocks et du stock final pour le mois de mars selon la méthode du coût unitaire moyen pondéré.

b. Enregistrer l'écriture d'inventaire relative à cette matière première en considérant qu'il n'y a pas d'autre opération relative à cette matière pendant l'année N.

8. Écritures de régularisation des charges et des produits

Voici quelques opérations réalisées au cours de l'exercice N par l'entreprise Compta+ :

- 01/09/N : règlement d'une prime d'assurance d'un montant de 12 000 € couvrant une période de 12 mois ;
- courant décembre : livraison de marchandises pour un montant de 8 970 € TTC. La facture ne sera envoyée qu'en janvier N+1 ;
- fin décembre N : réception de marchandises pour un montant de 3 000 € HT. La facture ne sera adressée par le fournisseur qu'en janvier N+1 ;
- 01/04/N : encaissement de la redevance annuelle d'un montant de 24 000 € HT pour un brevet dont l'entreprise a concédé l'exploitation et qui doit normalement être perçue le premier de chaque mois.

Enregistrer au journal les écritures de régularisation correspondant à l'exercice N.

CORRIGÉS

QCM

23.1. ✓ **a.** Si le stock de produits finis final est supérieur au stock initial, l'entreprise a plus produit que vendu sur la période. Or, ce qui importe pour les produits, c'est la production et non les ventes. Il faut donc ajouter un produit, le compte de production stockée, égal à la valeur finale du stock moins la valeur initiale.

23.2. ✓b. Si le stock initial de matières premières est supérieur au stock final, cela signifie que l'entreprise a plus consommé qu'acheté sur la période. Or, ce qui importe dans les charges, ce sont les consommations et non les achats. Il faut donc ajouter une charge, le compte variation de stocks, égal à la valeur initiale du stock de matières premières minorée de sa valeur finale. Cette charge supplémentaire vient diminuer le résultat.

23.3. ✓a. ✓b. ✓c. Le compte 145 est le compte enregistrant les amortissements dérogatoires. C'est un compte de provisions (règlementées), appartenant au passif, et faisant partie des capitaux propres.

23.4. ✓a. Enregistrer une dotation aux provisions fait augmenter les charges. En contrepartie, c'est un des comptes de provisions au passif qui est crédité. Cependant, en faisant augmenter les charges, les provisions font baisser les capitaux propres. Il n'y a ainsi pas de modification du total du passif. L'actif, quant à lui, n'est pas affecté par les provisions, contrairement aux dépréciations.

23.5. ✓b. Une charge à payer est une charge qui n'a pas encore été comptabilisée faute de document comptable, mais qui se rapporte à l'exercice. Il faut donc l'ajouter aux charges ce qui fait diminuer le résultat et rend inutile de le compléter par une provision. Elle n'a en revanche aucun impact sur la trésorerie.

23.6. ✓c. Au moment de leur attribution, les subventions d'investissement font augmenter la trésorerie en contrepartie du crédit du compte 13 dans les capitaux propres. Il n'y a pas d'effet sur le résultat. Au fur et à mesure de l'utilisation du bien, la subvention d'investissement va être rapportée au compte de résultat, au compte 777 qui fait partie des produits exceptionnels.

23.7. ✓a. ✓b. a et b. Le compte 68 enregistre les amortissements, les dépréciations et les provisions. Tout débit entraîne donc une augmentation des charges qui fait baisser le résultat mais sans impact sur la trésorerie. Quand il s'agit d'un amortissement, la contrepartie est le crédit du compte 28, mais s'il s'agit d'une dépréciation ou d'une provision, les comptes crédités seront différents (par exemple, 49 pour les dépréciations sur créances douteuses ou 15 pour les provisions sur risques).

Exercice. Maîtriser les opérations d'inventaire

1. Amortissement linéaire

Départ de l'amortissement : date de mise en service : 03/11/N.

Dotation pour amortissement (année pleine) = 10 020/5 = 2 004 €.

Dotation de N = 2004 × (27 + 30)/360 = 317,30 €.

Dotation de N+5 = 2004 – 317,30 = 1686,70 €.

Année	Dotation aux amortissements	Valeur nette comptable à la fin de l'année
N	317,3	9 702,7
N+1	2 004	7 698,6
N+2	2 004	5 694,7
N+3	2 004	3 690,7
N+4	2 004	1 686,7
N+5	1 686,7	0

Écriture d'amortissement au titre de l'exercice N

681. Dotations aux amortissements sur immobilisations corporelles	317,3	
281. Amortissement des immobilisations corporelles		317,3

2. Amortissement dégressif

Taux d'amortissement dégressif : 20 % × 1,75 = 35 %.

Tableau d'amortissement

Année	VNC début d'année	Dot. amortiss. dégressif	VNC fin d'année
N	10 020	1 461,2	8 558,8
N+1	8 558,8	2 995,6	5 563
N+2	5 563	1 854,33	3 708,66
N+3	3 708,66	1 854,33	1 854,33
N+4	1 854,33	1 854,33	0

→ L'amortissement dégressif débute le 1er jour du mois d'acquisition, soit le 01/08/N. La dotation aux amortissements de N est donc de 10 020 × 5/12 × 0,35 = 1 461,2 €.

→ À partir de N+2, il faut basculer en système linéaire pour les trois années restantes car la dotation théorique en système dégressif (5 563 × 0,35 = 1 947) est inférieure à ce qu'elle était en système linéaire (2 004).

→ Même si la première année est incomplète, l'amortissement s'effectue sur 5 ans et non 6. C'est une spécificité de la méthode dégressive.

→ Par rapport à la méthode linéaire, il est facile d'observer que les dotations sont bien plus élevées au début avec cette deuxième méthode.

3. Amortissement dérogatoire

a. Plan d'amortissement

Taux linéaire : 1/5 = 20 %.

Première annuité : départ le 13 mars, soit 30 – 13 + 30 × 9 = 287 jours → 2 000/5 × 287/360 = 319 €.

Dernière annuité : 30 × 2 + 13 = 73 jours → 400 × 73/360 = 81 €.

Exercice	Amortissement linéaire (économiquement justifié) (1)			Amortissement fiscalement autorisé (2)	Amortissement dérogatoire (2) – (1)	
	VNC début de l'exercice	Dotation	VNC fin d'exercice		Dotation	Reprise
N	2 000	319	1 681	1 000	681	–
N+1	1 681	400	1 281	600	200	–
N+2	1 281	400	881	400	–	–
N+3	881	400	481	0	–	400
N+4	481	400	81	0	–	400
N+5	81	81	0	0	–	81
				Total	881	881

b. Écritures

Au 31/12/N

681. Dotations aux amortissements sur immobilisations corporelles	319	
281. Amortissement des immobilisations corporelles		319
68725. Dotations aux amortissements dérogatoires	681	
145. Amortissement dérogatoire		681

Au 31/12/N+1

681. Dotations aux amortissements sur immobilisations corporelles	400	
281. Amortissement des immobilisations corporelles		400
68725. Dotations aux amortissements dérogatoires	200	
145. Amortissement dérogatoire		200

Au 31/12/N+2

681. Dotations aux amortissements sur immobilisations corporelles	400	
281. Amortissement des immobilisations corporelles		400

Au 31/12/N+3 et au 31/12/N+4

681. Dotations aux amortissements sur immobilisations corporelles	400	
281. Amortissement des immobilisations corporelles		400
145. Amortissement dérogatoire	400	
78725. Reprise sur amortissements dérogatoires		400

Au 31/12/N+5

681. Dotations aux amortissements sur immobilisations corporelles	81	
281. Amortissement des immobilisations corporelles		81
145. Amortissement dérogatoire	81	
78725. Reprise sur amortissements dérogatoires		81

4. Dépréciation d'une immobilisation non amortissable

Au 31/12/N–3

6816. Dotations pour dépréciation	200 000	
2907. Dépréciation d'un fonds de commerce		200 000

Au 31/12/N–2

Dépréciation nécessaire : 600 000 € ; dotation existante : 200 000 € ⟶ complément de dotation : 400 000 €.

6816. Dotations pour dépréciation	400 000	
2907. Dépréciation d'un fonds de commerce		400 000

Au 31/12/N

Dépréciation nécessaire : 100 000 € ; dotation existante : 600 000 € ⟶ reprise : 500 000 €.

2907. Dépréciation d'un fonds de commerce	500 000	
7816. Reprise sur dépréciation		500 000

5. Suivi des créances douteuses

Au journal au 31 décembre N–1 (non demandé) :
Changement de nature de la créance

416. Client douteux	3 000	
411. Client		3 000

Constatation de la dépréciation : 0,6 × 3 000 = 1 800 €.

68174. Dotations aux dépréciations des créances	1 800	
491. Dépréciation des créances		1 800

Au journal au 31 décembre N :

⟶ Si créance impayée :

654. Perte sur créances irrécouvrables	3 000	
416. Client douteux		3 000
491. Dépréciation des créances	1 800	
78174. Reprise sur dépréciations des créances		1 800

⟶ Si le client règle 2 392 € pour solde de tout compte :

512. Banque	2 392	
416. Client douteux		2 392
654. Perte sur créances irrécouvrables (3 000 – 2 392)	608	
416. Client douteux		608
491. Dépréciations des créances	1 800	
78174. Reprise sur dépréciations des créances		1 800

6. Provisions pour risques et charges

Au 31/12/N–2

6875. Dotations aux provisions exceptionnelles 1511. Provision pour litiges	20 000	 20 000

Au 31/12/N–1

1511. Provision pour litiges 7875. Reprise sur provisions exceptionnelles	15 000	 15 000

Courant N

671. Charges exceptionnelles sur opérations de gestion 512. Banque	4 000	 4 000
1511. Provision pour litiges 7875. Reprise sur provisions exceptionnelles	5 000	 5 000

7. Évaluation des stocks

a. Méthode du coût unitaire moyen pondéré

Dates	Libellés	Entrées			Sorties		
		Q	PU	Montant	Q	PU	Montant
1/03	Stock initial	600	71,70	43 020			
7/03	Entrée	3 000	72,60	217 800			
12/03	Sortie				2 400	**72,90**	174 960
17/03	Entrée	1 800	73,80	132 840			
24/03	Sortie				2 000	**72,90**	145 800
		5 400	**72,90**	393 660	4 400	**72,90**	320 760

→ Le coût unitaire moyen pondéré se calcule en divisant le montant du total des entrées et du stock initial par les quantités : 398 660/5 400 : 72,90 €.

→ C'est ce coût qui permet de valoriser les sorties et le stock final.

→ À la fin mars, il reste en stock : (5 400 – 4 400) = 1 000 kg, soit 72 900 €.

b. Écriture d'inventaire

Le stock final de matières premières (72 900) est supérieur au stock initial (43 020). L'entreprise a donc davantage acheté que consommé et il faut enregistrer une charge négative égale à la différence SI – SF = 43 020 – 72 900 = – 29 880 €.

	Débit	Crédit
31. Stock matrières premières 6031. Variation des stocks de MP	29 880	 29 880

8. Écritures de régularisation des charges et des produits

– Prime d'assurance ⟶ charge constatée d'avance

Au 31/12/N

486. Charges constatées d'avance	8 000	
616. Prime d'assurance		8 000

Rappel : l'écriture doit être contrepassée au 01/01/N+1.

616. Prime d'assurance	8 000	
486. Charges constatées d'avance		8 000

– Livraison de marchandises en décembre (facture envoyée en janvier) ⟶ produit à recevoir

Au 31/12/N

4181. Clients, facture à établir	8 970	
707. Vente de marchandises		7 500
44587. TVA sur facture à établir		1 470

Contrepassation au 01/01/N+1

707. Vente de marchandises	7 500	
44587. TVA sur facture à établir	1 470	
4181. Clients, facture à établir		8 970

– Réception de marchandises en décembre (facture envoyée en janvier) ⟶ charge à payer

Au 31/12/N

607. Achat de marchandises	3 000	
44586 .TVA sur facture non parvenue	588	
4081. Fournisseur, facture non parvenue		3 588

Contrepassation au 01/01/N+1

4081. Fournisseur, facture non parvenue	3 588	
607. Achat de marchandises		3 000
44586. TVA sur facture non parvenue		588

– Encaissement d'une redevance annuelle (mais qui ne concerne N que pour 9 mois) ⟶ produit constaté d'avance

Au 31/12/N : redevance qui concerne N+1 : 3 mois : 24 000 × 3/12

7511. Redevance pour brevet	6 000	
487. Produits constatés d'avance		6 000

Contrepassation au 01/01/N+1

487. Produits constatés d'avance	6 000	
7511. Redevance pour brevet		6 000

Cas de synthèse

1. Création d'une entreprise

Sandrine et Christophe décident de racheter, début N, le gîte Domaine des Hautes Collines. Ils créent, pour le gérer, la SARL DHC le 5 janvier N et apportent chacun 100 000 €.

Pour compléter cette mise de fonds initiale, ils négocient un emprunt à la banque d'un montant de 100 000 €. La somme est versée sur le compte de la SARL le 6 janvier N. L'emprunt doit être remboursé par amortissement constant du capital sur 10 ans au taux annuel de 5 %. La fraction de capital à rembourser annuellement et les intérêts dont dus à la date anniversaire de l'emprunt, soit le 6 janvier de chaque année.

La vente du Domaine des Hautes Collines est conclue le 8 janvier N pour un montant total de 240 000 € qui se décompose ainsi :

- fonds de commerce : 50 000 € ;
- terrain : 70 000 € ;
- bâtiments : 120 000 € (amortissables linéairement en 20 ans).

La somme est versée ce même jour à l'ancien propriétaire.

Les bâtiments du Domaine sont en très bon état. En revanche, les installations (notamment le système de chauffage) et le mobilier nécessitent d'être complètement renouvelés pour attirer la clientèle haut de gamme visée par ses nouveaux propriétaires. Sandrine et Christophe souhaitent par ailleurs développer une activité annexe, un salon de thé, afin d'améliorer la rentabilité du projet.

Pour démarrer l'activité, la SARL réalise les opérations suivantes :

- achat au comptant d'une chaudière à économie d'énergie pour un montant de 10 000 € HT (TVA à 19,6 %) le 25 janvier N. Mise en service le 10 février, elle pourra être utilisée régulièrement pendant 5 ans. L'administration fiscale autorise cependant la pratique de l'amortissement dégressif (coefficient 1,75) pour promouvoir les économies d'énergie. DHC négocie auprès du Conseil général une subvention de 1 500 € versée le 30 janvier N pour aider au financement de cette acquisition ;
- achat de mobiliers divers (amortissables sur 5 ans en linéaire) pour un total de 25 000 € HT (TVA à 19,6 %) le 28 janvier N. La moitié est payée au comptant, l'autre à crédit. DHC doit s'acquitter de sa dette le 28 février N ;
- paiement de matières premières à la SARL ThéOuCafé le 30 janvier N au comptant. L'entreprise ThéOuCafé pariant sur la fidélisation d'un nouveau client accorde à DHC une remise de 10 % sur la commande de 2 000 € HT (TVA à 5,5 %).

Enregistrer au journal de DHC les opérations relatives au mois de janvier N.

2. Étude de deux opérations spécifiques

N.B. : la TVA à payer est réglée à l'État le 15 du mois suivant.

Opération 1

Le 10 mars N, DHC loue son salon de thé à une association locale pour une soirée. Le montant de la transaction est fixé à 3 000 € HT (TVA à 7 %). Il est prévu que l'association règle la somme le 30 avril N. DHC tire sur son client une lettre de change le 12 mars N.

Faisant face à des difficultés momentanées de trésorerie à la fin mars, la SARL demande à l'association s'il serait possible, moyennant un escompte, d'avancer la date de ce paiement. L'association accepte de régler le 25 mars la moitié de la somme due moyennant un escompte de 3 % sur le total de la prestation. Le 26 mars, DHC tire alors sur son client une nouvelle lettre de change pour le solde à échéance du 30 avril N. Elle porte ce deuxième effet à l'escompte le 27 mars. La banque lui verse la somme due 2 jours plus tard et lui facture 15 € HT (TVA à 19,6 %) de services bancaires avec un taux d'escompte annuel de 8 %. Le 30 avril N, l'association paye le solde comme convenu.

Enregistrer cette opération au journal de DHC.

Opération 2

Désireuse d'attirer une clientèle internationale fortunée, DHC décide d'accepter les paiements en monnaie étrangère et d'accorder des délais de paiement à ces précieux clients.

Le 3 mai N, Mr. et Mrs Pilkington, ressortissants britanniques, louent le gîte pour trois semaines. Le montant de la location est fixé à 3 000 € TTC (TVA à 7 %). Le cours de la livre sterling au 3 mai N est de 1 £ pour 1,20 €. Les clients virent la moitié de la somme en livres sterling le 3 mai sur le compte de DHC. Par convention avec DHC, la banque ne prélève pas de frais de change.

Mr. et Mrs Pilkington s'engagent à verser le solde à leur retour au Royaume-Uni. La somme est reçue par DHC le 25 mai. Le cours est ce jour-là de 1 £ pour 1 €.

a. Enregistrer cette opération au journal de DHC.

b. Le principe de prudence s'applique-t-il ici ?

3. Opérations d'inventaire, compte de résultat et bilan

Au 31 décembre N, Sandrine et Christophe constatent que leur stock de matières premières est de 500 €. Peinant à écouler certains thés, ils estiment qu'ils vont sans doute perdre 200 € sur le montant de ce stock.

Ils n'ont pas de créance client mais une dette fournisseur de 700 € dont ils doivent s'acquitter en janvier N+1. Ils sont à jour en termes de dettes fiscales et sociales (aucune créance ou dette). Le montant total de leurs achats de matières premières et autres fournitures s'élève en N à 8 000 € HT. Ils ont également dépensé 5 000 € HT en charges externes et 650 € en taxes diverses. Ils n'ont employé personne en N et le montant total de leurs ventes s'élève à 25 000 € HT.

a. Recenser et enregistrer les opérations d'inventaire au 31 décembre N au journal de DHC.

b. Établir le compte de résultat et le bilan de DHC au 31 décembre N.

c. Commenter la situation financière de DHC à la fin N.

CORRIGÉ

1. Création d'une entreprise

Journal de DHC en janvier N

Date		Débit	Crédit
5 janvier N	4561. Associé Christophe, compte d'apport en numéraire 4562. Associée Sandrine, compte d'apport en numéraire 101. Capital social	100 000 100 000	 200 000
5 janvier N (1)	512. Trésorerie 456. Associés	200 000	 200 000
6 janvier N	512. Trésorerie 16. Emprunt	100 000	 100 000
8 janvier N	207. Fonds commercial 211. Terrain 213. Bâtiments 512. Trésorerie	50 000 70 000 120 000	 240 000
25 janvier N	218. Chaudière 44562. TVA déductible sur immobilisation 512. Trésorerie	10 000 1 960	 11 960
28 janvier N	218. Mobilier 44562. TVA déductible sur immobilisations 401. Fournisseur 512. Trésorerie	25 000 4 900	 14 950 14 950
30 janvier N	512. Trésorerie 13. Subvention d'investissement	1 500	 1 500
30 janvier N (2)	601. Matières premières 44566. TVA déductible sur autres biens et services 512. Trésorerie	1 800 99	 1 899
31 janvier N (3)	44567. Crédit de TVA à reporter 44562. TVA déductible sur immobilisations 44566. TVA déductible sur autres biens et services	6 959	 6 860 99

(1) La promesse et la libération des apports ont lieu par hypothèse le même jour.

(2) Le montant brut de la commande est de 2 000 € HT. La remise est portée sur facture, il ne faut donc enregistrer que le net commercial au journal, soit 2 000 × 0,9 = 1 800 €. La TVA est calculée sur le net commercial.

(3) L'entreprise a un crédit de TVA à la fin du mois car elle peut déduire la taxe sur ses achats mais elle n'en a pas collecté. Ce crédit va être reporté au mois suivant.

2. Étude de deux opérations spécifiques

Opération 1

Au journal de DHC

Date		Débit	Crédit
10 mars N	411. Créance client 706. Prestation de services 44571. TVA collectée	3 210	 3 000 210
12 mars N	413. Clients, effet à recevoir 411. Créance client	3 210	 3 210
25 mars N (1)	512. Trésorerie 411. Créance client 665. Escompte accordé 44571. TVA collectée 413. Effet à recevoir	1 556,8 1 556,8 90 6,3	 3 210
26 mars N	413. Clients, effet à recevoir 411. Créance client	1 556,8	 1 556,8
27 mars N	5114. Effet à l'escompte 413. Effet à recevoir	1 556,8	 1 556,8
29 mars N (2)	512. Trésorerie 627. Services bancaires 44566. TVA déductible 661. Intérêts 5114. Effet à l'escompte	1 527,8 15 2,9 11,1	 1 556,8
31 mars N	44571. TVA collectée 44566. TVA déductible 44551. TVA à décaisser	203,7	 2,9 200,8
15 avril N (3)	44551. TVA à décaisser 512. Trésorerie	200,8	 200,8
30 avril N (4)	Paiement de l'association ⟶ Aucune écriture		

(1) L'escompte accordé se calcule sur le montant HT : 3 % × 3 000 € = 90 €. Cet escompte représente une charge pour DHC (compte 665 « Escompte accordé »). En diminuant le montant de la prestation de services, l'escompte diminue également le montant de la TVA collectée qu'il faut donc ajuster : 3 % × 210 = 6,30 €. La TVA collectée (dette) est donc débitée. Le nouveau montant de la créance TTC est par conséquent de 3 210 – 90 – 6,3 = 3 113,70 € dont la moitié (1 556,80 €) est versée le 25 mars, le solde faisant l'objet d'une créance.

(2) Le taux de 8 % pour le calcul de l'escompte est un taux annuel (année de 360 jours). La banque fait ici l'avance sur 32 jours (les deux derniers jours de mars et les 30 jours d'avril). Montant des intérêts : 1 556,8 × 8 % × 32 / 360 = 11,10 €. À ces intérêts, s'ajoutent les services

bancaires et la TVA afférente. Montant de la TVA : 19,6 % × 15 = 2,90 €. L'ensemble des sommes retenues (intérêts + services bancaires + TVA) constituent les agios. La somme finalement versée à DHC s'élève à 1 556,80 – 11,10 – 15 – 2,90 = 1 527,80 €.

(3) Les écritures liées à la TVA s'appuient sur l'hypothèse qu'aucune autre opération n'est intervenue en mars N.

(4) Le 30 avril N, l'association verse directement à la banque la somme due. Rien n'apparaît dans le journal de DHC. Rappel : l'escompte ne permet pas de transférer le risque de non-recouvrement. Si l'association ne payait pas, la banque se retournerait vers DHC.

Opération 2

a. Enregistrement de l'opération au journal

Date		Débit	Crédit
3 mai N (1)	512. Trésorerie 411. Créance client 706. Prestation de services 44571. TVA collectée	1 500 1 500	 2 803,7 196,3
25 mai N (2)	512. Trésorerie 666. Pertes de change 411. Créance client	1 250 250	 1 500
31 mai N (3)	44571. TVA collectée 44551. TVA à décaisser	196,3	 196,3
15 juin N	44551. TVA à décaisser 512. Trésorerie	196,3	 196,3

(1) Le montant de la location est fixé le 3 mai N. Il s'élève à 3 000 € TTC, ce qui équivaut ce jour-là à 3 000/1,2 = 2 500 £. Mr et Mrs Pilkington versent la moitié à DHC, soit 1 250 £. La banque comptabilise la somme en euros sur le compte de DHC, soit 1 500 €. Le solde, 1 500 €, est enregistré en créance. En produit, DHC enregistre le montant total de la prestation, mais hors TVA : 3 000 / 1,07 = 2 803,7 €.

(2) Au 25 mai N, Mr et Mrs Pilkington, virent le solde, soit 1 250 £. La banque change cette somme en euros au cours du 25 mai, soit 1 250€ car le cours du jour est de 1 £ pour 1 €. La SARL DHC supporte alors une perte de change du montant de la différence entre 1 500 € et 1 250 €.

(3) Les écritures liées à la TVA s'appuient sur l'hypothèse qu'il n'y a pas d'autre opération en mai.

b. Question sur l'application du principe de prudence

Le principe de prudence consiste à comptabiliser une perte latente à la clôture de l'exercice. Dans la situation présente, la perte au 25 mai n'est pas latente mais réelle. Elle est donc comptabilisée en charge financière au compte 666 et pas en provision au compte 6865. Elle ne pourra pas faire l'objet d'une reprise.

3. Opérations d'inventaire, compte de résultat et bilan

a. Opérations d'inventaire au 31 décembre N

Amortissements

Le fonds de commerce et le terrain ne s'amortissent pas. Ils peuvent se déprécier, mais il n'existe pas d'éléments ici permettant de le supposer.

Les bâtiments sont amortissables en linéaire sur 20 ans, soit 120 000 / 20 = 6 000 € par an. L'année N n'est cependant pas complète car les bâtiments sont acquis au 8 janvier. Il faut donc appliquer un prorata : 6 000 × (360 – 7) / 360= 5 883 €.

Le cas de la chaudière est plus complexe :

- elle doit économiquement s'amortir sur cinq ans en linéaire. C'est la date de mise en service qui compte pour le début du calcul de l'amortissement linéaire. Calcul de la dotation aux amortissements économiquement justifiée : 10 000 / 5 × (360 – 30 –10) / 360 = 1 778 € ;
- l'administration fiscale autorise cependant le recours à l'amortissement dégressif. Il est rappelé que c'est le 1er jour du mois d'acquisition qui est retenu pour le calcul. L'amortissement commence donc au 1er janvier. L'amortissement linéaire étant réalisé sur cinq ans, le coefficient associé est de 20 %. Ce dernier doit être multiplié par 1,75. Calcul de la dotation globale autorisée : 10 000 × 20 % × 1,75 = 3 500 € ;
- le montant de l'amortissement dérogatoire se calcule par différence entre l'amortissement économique et l'amortissement total autorisé : 3 500 – 1 778 = 1 722 €.

Le mobilier s'amortit, quant à lui, en linéaire sur cinq ans. Il faut appliquer un prorata car sa mise en service date du 28 janvier. Dotation aux amortissements = 25 000/5 × (360 – 27) / 360= 4 625 €.

Quotes-parts de subvention virées au compte de résultat

L'acquisition de la chaudière a été partiellement financée par une subvention d'investissement. Celle-ci doit être rapportée au compte de résultat au rythme de l'amortissement du bien. C'est l'amortissement économique qui va servir de référence. Quote-part de subvention d'investissement virée au compte de résultat en N : 1 500 / 5 × (360 – 30 –10) / 360 = 267 €.

Variations de stocks

Les stocks de matières premières sont nuls au 1er janvier N. Ils s'élèvent en brut à 500 € au 31 décembre N. La SARL DHC a donc moins consommé qu'acheté, elle doit enregistrer une charge négative de 500 €.

Dépréciations

Les dépréciations peuvent concerner tous les éléments d'actifs. Ici, seuls les stocks sont concernés. La perte probable est de 200 €. La SARL DHC doit donc enregistrer une dépréciation pour ses stocks de 200 €.

Provisions

Il faut comptabiliser ici une provision pour amortissements dérogatoires, du montant qui excède l'amortissement économiquement justifié, soit 1 722 €. Cette somme sera enregistrée en charges et au passif.

Rattachement des charges et des produits

Les intérêts d'emprunt (100 000 × 5 %, le capital restant dû à la première échéance étant de 100 000 €) seront réglés le 6 janvier N+1. Or, la majeure partie de la somme concerne N. Il faut donc la comptabiliser en N en charge à payer pour un montant de 100 000 × 5 % × (360 – 6) / 360 = 4 917 €.

Au journal de DHC au 31 décembre N

Date		Débit	Crédit
31 décembre N	6811. Dot. aux amortissements (5 883 + 1 778 + 4 625) 281. Amortissements immo. corp.	12 286	 12 286
31 décembre N	68725. Dotations aux amortissements dérogatoires 145. Amortissements dérogatoires	1 722	 1 722
31 décembre N	139. Subventions d'investissement virées au compte de rés. 777. Quote-part de SI virée au compte de rés.	267	 267
31 décembre N	31. Stocks de matières premières 6031. Variation de stocks de matières premières	500	 500
31 décembre N	6817. Dotations aux dépréciations sur l'actif circulant 39. Dépréciations stocks	200	 200
31 décembre N	661. Charges d'intérêts 1688. Intérêts courus	4 917	 4 917

b. Documents comptables de synthèse au 31 décembre N

Compte de résultat de N

Charges		Produits	
Achats	8 000	Prestations de services	25 000
Variations de stocks	– 500	Quote-part de SI virée au compte de résultat	267
Charges externes	5 000		
Taxes diverses	650		
Charges d'intérêt	4 917		
Amortissements	12 286		
Amortissements dérogatoires	1 722		
Dépréciations	200		
		Perte	**7 008**

→ L'établissement du compte de résultat doit toujours se faire préalablement à celui du bilan car il permet de calculer le résultat qui est ensuite reporté au bilan.

Bilan de DHC au 31/12/N

Actif				Passif	
Immobilisations				**Capitaux propres**	195 947
	Valeur brute	Amortissements et dépréciations	Valeur nette	Capital social	200 000
Fonds de commerce	50 000		50 000	Résultat	– 7 008
Terrain	70 000		70 000	Subventions d'investissement : Brute 1 500 ; Virée CR 267 ; Nette	1 233
Bâtiment	120 000	5 883	114 117	Amortissements dérogatoires	1 722
Chaudière	10 000	1 778	8 222	Emprunt	100 000
Mobilier	25 000	4 625	20 375	Intérêts courus	4 917
Stocks				Dette fournisseur	700
	Valeur brute	Dépréciations	Valeur nette		
Matières premières	500	200	300		
Trésorerie			38 550		
Total actif			301 654	Total passif	301 564

→ Le montant de la trésorerie peut se calculer de deux façons différentes, ce qui permet de vérifier qu'il n'y a pas d'erreur.

• **Première solution**

Trésorerie finale
= Trésorerie initiale (0)
– Crédits du compte de trésorerie
+ Débits du compte de trésorerie

La TVA peut être négligée car la société DHC est à jour de son paiement.

Crédits du compte de trésorerie : 240 000 (Achat du domaine) + 10 000 (Achat chaudière) + 25 000 (Achat mobilier) + 8 000 (Achat de matières premières) – 700 (Dette fournisseur → achat non encore réglé) + 5 000 (Charges externes) + 650 (Taxes) = 287 950 €.

Débits du compte de trésorerie : 200 000 (Apports des associés) + 100 000 (Emprunt) + 1 500 (Subvention CG) + 25 000 (Prestations de services) = 326 500 €.

→ Trésorerie au 31 décembre N = 326 500 – 287 950 = **38 550 €.**

- **Deuxième solution : l'égalité actif/passif**

→ Total passif (301 564) – Immobilisations nettes (50 000 + 70 000 + 114 117 + 8 222 + 20 375) – Stocks nets (300) = **38 550 €**.

c. Situation financière de DHC à la fin de l'exercice N

Le résultat pour cette première année d'exploitation est négatif. Ceci s'explique par la faiblesse des revenus par rapport aux charges et peut tout à fait se justifier économiquement en début d'exploitation. La charge importante des amortissements souligne que l'entreprise a beaucoup investi : c'est un pari sur l'avenir.

La santé financière de l'entreprise est bonne pour le moment. Les capitaux propres sont supérieurs aux dettes : l'entreprise est solvable. Elle n'a pas non plus de problèmes de liquidité à court terme car sa trésorerie est importante. L'amélioration du résultat à l'avenir est cependant indispensable pour préserver ces équilibres.

Index

A

Acompte 152
Actif 21, 22, 171, 185, 186
 – Circulant 22
 – Soustractif 195
Actions propres 116
Agios 133
Amortissement 60, 62, 171, 174, 185, 197, 201, 216, 232
 – Dégressif 172, 218, 227
 – Dérogatoire 111, 196, 197, 201 218
 – Linéaire 62, 172, 218, 232
Apport 22, 113, 114, 151, 229
Avance 100, 155

B

Balance 40
Bénéfice
 – Comptable 106
 – Distribuable 115
 – Fiscal 106
Bilan 7, 21, 25, 31, 43, 44, 228

C

Capital social 113, 116, 151
Capitaux propres 21, 23, 31, 70, 162
Charges 29, 49, 161, 216
 – À payer 210, 216, 225
 – Constatées d'avance 210, 215, 225
Comptabilité 7, 9
 – De caisse 13, 15
 – D'exercice 14, 15
 – D'engagement 14
 – En partie double 14, 17, 19, 40
 – En partie simple 13, 14
 – Financière 14
Comptant (opération au comptant) 69, 72, 154, 227
Compte de résultat 7, 29, 43, 44, 228
Comptes en T 40, 43, 47
Concours bancaires courants 131
Contrepasser 90, 211
Cotisations sociales 98
Créances 69, 78, 100, 144, 151, 186, 228
 – Douteuses 186, 218
Crédit 14, 17, 20, 23, 40, 41, 69, 152, 154, 227

D

Débit 14, 17, 20, 23, 40, 20
Dépréciations 185, 195, 201, 216, 218, 232
 – Tests de dépréciation 186
Dettes 69, 78, 99, 115, 133, 144, 151, 228
Dividendes 114, 115, 151

E

Écart de conversion
 – Actif 146
 – Passif 145
Effet de commerce 133, 155
Encaissement 133
Escompte 88, 133, 154, 155, 228
État de rapprochement bancaire 132

F

Facture 88, 133, 229
 – D'avoir 88, 90
Fait générateur 78

G

Grand livre 9, 40

I

Immobilisation 22, 49, 59, 151, 152, 171
 – Corporelle 186
 – Financière 132, 186
 – Incorporelle 186
Inventaire 5, 9, 62, 66, 145, 161, 163, 171, 202, 228

J

Journal 7, 9, 13, 25, 33, 43, 36

L

Lettre de change 133, 154, 155, 228

M
Marchandises 50, 164
Matières premières 50, 162, 227, 228
Moins-value 59

N
Net commercial 88, 89, 229

O
Opposition 100

P
Paie 99
Passif 21, 195
Patrimoine 13, 23, 49, 202
Plan comptable général (PCG) 9, 39
Plus-value 59, 152
Principes 9
– Image fidèle 5, 9, 143, 161, 197
– Indépendance des exercices 9
– Juste valeur 190
– Permanence des méthodes 9, 165
– Prudence 9, 146, 190, 228
– Rattachement à l'exercice 9, 209
– Régularité 9
– Sincérité 9
Production stockée 215, 216
Produit 29, 50, 161, 216
– À recevoir 210, 216, 225
– Constaté d'avance 209, 215
– Des cessions d'éléments d'actif 59
– Fini 50, 162
Prorata temporis 64, 173
Provision 144, 146, 195, 201, 216, 232
– Pour pertes de change 146
– Pour risques et charges 195, 219
– Réglementée 196

R
RRR 90
– Rabais 88, 154
– Remises 88, 154, 227
– Ristournes 88
Rachat d'actions 116
Report à nouveau 114, 155
Reprises 185, 186, 189, 195, 197, 216, 231
Réserves 67, 114, 115
Résultat 29, 177, 178, 202, 215
– Affectation du résultat 114

S
Stock 62, 161, 163, 186, 201, 219, 228
– Méthode du coût unitaire moyen pondéré (CUMP) 165
– Production stockée 163
– Variations de stocks 163
– Premier entré premier sorti (PEPS) 165
Subventions 107, 110, 227
– D'équilibre 107
– D'exploitation 107
– D'investissement 151, 216, 232

T
Trésorerie 13, 15, 22, 23, 177, 178, 192, 193, 202, 215, 228, 234
TVA 77, 151, 211, 228
– À payer 77
– Collectée 77
– Déductible 77
– Sur les débits 78

V
Valeur
– Actuelle 186
– Brute 60, 62, 174
– Comptable des éléments d'actif cédés 60
– D'usage 186
– Nette comptable 59, 62, 152, 174, 186
– Mobilière de placement 131, 186
– Vénale 186
Variation de stocks 215, 216, 232

Certifié PEFC
Ce produit est issu de forêts gérées durablement et de sources contrôlées.
PEFC 10-31-2568
pefc-france.org

Achevé d'imprimer en juillet 2012 par EMD S.A.S. (France)
N° éditeur : 2012/0624 - Dépôt légal : juillet 2012
N° d'imprimeur : 26948